Dieses Buch schenke ich in großer Dankbarkeit

Florian Langenscheidt

Was ich dir mal eben sagen wollte:

Danke!

HEYNE‹

Penguin Random House Verlagsgruppe FSC® N001967

Originalausgabe 2024

Copyright © 2024 by Wilhelm Heyne Verlag, München,
in der Penguin Random House Verlagsgruppe GmbH,
Neumarkter Straße 28, 81673 München
Redaktion: Evelyn Boos-Körner
Umschlaggestaltung: Eisele Grafik Design, München
Satz: satz-bau Leingärtner, Nabburg
Druck und Bindung: PBtisk, a.s., Příbram
Printed in Czech Republic
ISBN: 978-3-453-21880-2

www.heyne.de

Florian Langenscheidt –
Einleitende Gedanken

Dankbarkeit ist ein Blumenstrauß ans Schicksal. Und eine Verbeugung vor unseren Mitmenschen.

Morgenruhe am See. Noch kaum Wellen, keine Motorgeräusche. Ein Mann angelt und genießt die Stille.

> Wer Dankbarkeit empfindet und zeigt, geht um mehrere Grade glücklicher durchs Leben.

Da hört er einen lauten Ruf: »Danke!« Er sieht jemanden am Ufer stehen mit Blick gen Himmel. Noch dreimal fliegt »Danke! Danke! Danke!« über das Wasser.

Der Jemand bin ich. Immer wieder und nicht nur morgens. Nur beobachten mich da die wenigsten Mitmenschen und denken sich ihren Teil.

Manche mögen denken, ich hätte sie nicht alle. Die Erfahrenen und Klugen sehen das anders. Mit 16 fand ich Dankbarkeit lästig und wollte unabhängig sein. Mit über 60 ist sie eines meiner ganz großen und schönen Gefühle.

Ich weiß, dass Dankbarkeit eng zusammenhängt mit der Fähigkeit zu Glück. Dankbarkeit den Mitmenschen und dem Schicksal gegenüber.

Undankbarkeit ist dumm und unsympathisch. Niemand liebt es, wenn Menschen nicht zu würdigen wissen, was wir für sie tun, und immer nur über alles klagen. Sie rauben die Lust an Zuwendung und das Licht im Leben.

Es gibt Pflegebedürftige, bei denen die Helfenden alle drei Monate kündigen, weil ihnen statt Anerkennung Vorwürfe entgegengebracht werden. Und irgendwann gar niemand mehr helfen will.

Und es gibt andere, die trotz immensen Leidens noch lächeln und dankend eine Hand drücken können. Bei denen will man bleiben.

Wir sollten nicht anderen Menschen Gutes tun, um Dankbarkeit zu erreichen. Aber wenn sie uns aus tiefstem Herzen und freiem Willen anlächeln, schenken sie Wärme und Glücksgefühl.

Danken kommt von Denken. Es zeugt von einem klugen Herzen, zu wissen, wofür man dankbar sein kann und sollte. Es gibt davon so vieles – in fast jedem Leben.

Wir können nicht ohneeinander. Wir brauchen uns gegenseitig. Die Alten die Jungen, die Jungen die Alten. Die Eltern die Kinder, die Kinder die Eltern. Die Frau oder der Mann des Herzens hoffentlich mich – und erst recht umgekehrt.

Wir brauchen Rat, Unterstützung, Kritik, Hilfe, Versorgung, Pflege. Und auch ein Lächeln, einen Witz oder ein Schulterklopfen.

So selbstverständlich all diese Zuwendung scheinen mag, sie ist es nicht. Und genau das feiert der Dank. Nimmt sie nicht als gegeben, sondern würdigt und wertschätzt sie. Baut ihr eine Bühne.

Und unser Schicksal? Es konfrontiert uns von der Wiege bis zur Bahre mit Schönem und auch Schrecklichem. Lässt uns lächeln und verzweifeln. Wer ist glücklicher? Der dankt für die Wunder oder der langsam verbittert angesichts der Schläge?

Dank ist also nicht nur das, was Eltern ihren Kindern an Höflichkeitsformeln mit auf den Weg geben – Postkarten nach Geburtstagen und Weihnachten sozusagen und ein freundliches Wort nach der Einladung zu einem Eis. Dank ist vielmehr ein Mindset, eine Grundeinstellung, eine Tür zum Glück. Und sie kostet nicht mal was. Freut aber umso mehr.

Wer hat wem mehr zu danken? Die Kinder den Eltern, weil diese sie in die Welt gesetzt haben, sich jahrelang um sie in Liebe, Verständnis und Fürsorge kümmern und in jeder Hinsicht immer für sie da sind? Oder die Eltern den Kindern, weil sie ihnen Lebendigkeit und Unvorhersehbarkeit schenken und die Möglichkeit, neben dem eigenen Leben noch weitere mit mindestens der gleichen Gefühlsintensität in allen Aufs und Abs leben zu können? Ich weiß es nicht, auch wenn ich drei Bücher zu dem Thema verfasst habe – aber ich weiß, dass mehr Dank in beide Richtungen kaum geht.

Lernen, auch Gründe für Dankbarkeit zu finden, wenn sich Wolken über dem Leben türmen. Und nach dem Gewitter sogar dafür, dass uns jede Krise wachsen lässt und zum wichtigen Teil unseres Lebens wird. Die Helden und Heldinnen der Paralympics machen es uns vor.

Lernen, auch dann noch für Mitmenschen dankbar zu sein, wenn sie große Schwächen zeigen und sich in unseren Augen unmöglich verhalten. In jedem stecken Geheimnisse und Besonderheiten. Und durch das Gefühl der Dankbarkeit fokussieren wir unmerklich mehr darauf und verändern dadurch unsere Sichtweise.

Und gleich noch was lernen: dankbar für sich selbst zu sein. Natürlich verzweifeln wir immer wieder an uns – aber mehr Grund haben wir zur Dankbarkeit. Wir alle sind einzigartig und wunderschön. Jede und jeder ist ein Geschenk, so wie sie oder er ist. Mit allen Begabungen und Beschränkungen, mit allen Stärken und Schwächen (die oft verborgene Stärken sind und uns erst zu Menschen machen). Wir müssen es nur sehen – und Dankbarkeit hilft sehr dabei.

Es hat angesichts unserer gemeinsamen Vergangenheit im 20. Jahrhundert vielleicht gute Gründe, warum wir Deutschen uns so schwer tun mit der Dankbarkeit, in diesem Land leben zu dürfen. Aber inzwischen sind wir eine friedensliebende Demokratie geworden und können ruhig ein »Danke!« dafür wagen. Wir genießen innere Sicherheit, ein hervorragendes Gesundheitswesen, eine sehr weise Verfassung und vieles andere, um das uns die Welt beneidet. Wir müssen jeden Tag darum kämpfen, denn nichts kommt von allein, aber mit ein wenig Dankbarkeit dürfen wir schon auf das Erreichte blicken.

Sicherheitskontrolle am chaotischen Berliner Flughafen, für den man wirklich nicht in vielerlei Hinsicht dankbar sein kann. Eine Mitarbeiterin, mehrfach gepierct und mit Haaren zwischen Grün und Lila, fragt einen nach dem anderem, ob er/sie die elektronischen Geräte herausgenommen hat und ob er/sie Flüssigkeiten im Gepäck hätte. Und ordnet all das Ausgepackte und -gezogene in den grauen Plastikwannen. Monotonster Niedriglohnjob oder Grund zu Dankbarkeit? Sie hat sich für Zweiteres entschieden. Strahlt jeden Passagier an, macht kleine Witze, findet für alle ein nettes Wort. Es kommt ein Kollege und fragt sie, ob sie mal eine Pause brauche. Sie verneint. Sie hätte gerade »die Zeit ihres Lebens«. Glück ist eine Entscheidung. Und ob ich dankbar für mein Leben sein kann und will, in großen Teilen auch.

Ich selbst habe unendlich vieles in meinem Leben, für das ich aus tiefster Seele dankbar bin: meine fünf Kinder, die Fähigkeit zu lieben und das Privileg, geliebt zu werden, meine Familie und großartige, lustige, spannende, berührende und vor allem verlässliche Freundschaften. Meine Kollegen und Kolleginnen, meine Mentoren und – wirklich! – einige meiner Lehrerinnen und Professoren.

Das Privileg einer breit angelegten Ausbildung zwischen Philosophie und Literatur, mehrere spannende Berufe im Lauf eines prall gefüllten Lebens, das Gefühl von Sicherheit und Vertrauen.

Eine Heimat voll Stabilität, Jahrzehnte des Friedens und – nicht zufällig immer der Wunsch Nr. 1 bei jedem Geburtstag – Gesundheit und Beweglichkeit.

Überhaupt zu leben und die Schönheit dieser, unserer Welt er-leben zu dürfen.

Die Chance, vielen anderen Menschen zu helfen – neben Dankbarkeit der wichtigste Schlüssel zum Glück.

Die Möglichkeit in viele Länder zu reisen und manche Kulturen sogar im Alltag kennenzulernen.

Und viele, viele Bücher, welche die Perspektive zahlloser Menschen auf das Leben verändert haben, nicht nur verlegen, sondern sogar schreiben zu können. Wie dieses hier …

Damit ist nur kurz angerissen, wofür alles ich aus tiefster Seele dankbar bin. Es wäre ein Leichtes, ein ganzes Buch damit zu füllen. Das wäre jedoch ein Kompendium des Dankes nur für ein Leben.

Beim Verfassen meines allerersten Buches »1 000 Glücksmomente« habe ich gelernt, dass die Gründe für Dankbarkeit so vielfältig sind wie unser Lachen, unsere Falten, unsere Augen und Körper. Entsprechend öffne ich dieses Buch für den kleinen und den großen Dank vieler Menschen, denen ich verbunden bin. Es wird dadurch zu einer Reise durch Köpfe und Herzen, durch Fantasien und Gefühle ganz unterschiedlicher Persönlichkeiten.

Sie alle eint ein Mindset der Wertschätzung und Aufmerksamkeit. Und das Wissen um die Tatsache, der ich in »Langenscheidts Handbuch zum Glück« ein ganzes Kapitel widmete: dass Dankbarkeit nicht nur die sympathischere und menschlichere Grundeinstellung ist als Neid, Egoismus und Gier, sondern auch die beglückendere.

> Dankbarkeit ist eine ganz leise und scheinbar unbedeutende Hymne auf eine schöne Seite des Lebens. Und macht aus einer halben Selbstverständlichkeit ein ganzes Geschenk.

Viele der Beiträger und Beiträgerinnen schrieben mir, sie bräuchten eigentlich mehr Platz, um alle Facetten Ihrer Dankbarkeit ausdrücken zu können. Sie bitten um Entschuldigung, dass sie sich aus Platzgründen auf einige wenige Aspekte konzentrieren müssen. Wir alle haben so viel Grund zu Dank …

Nichts gegen Schokolade (ich liebe Alpenmilch-Schokolade und verschenke sie gern mit einer Dankumhüllung) oder Blumen – aber wie viel besonderer ist es, ein kleines Buch des Dankes zu überreichen oder zu übersenden, wenn man Dank schuldet. Für eine Einladung oder ein Picknick, für ein Geschenk oder einen Trost, für einen Rat oder eine Schulter, für eine Umarmung oder auch nur stilles Verständnis.

Nutzen Sie dieses Buch, um Ihren Eltern und Kindern, Geschwistern und Freunden, Kolleginnen und Mitarbeitern oder auch einfach dem Briefträger Danke zu sagen. Schreiben Sie in den Vorsatz, warum. Sie werden Lächeln und Glück ernten. Denn jede und jeder auf dieser uns anvertrauten Erde liebt es, wenn eine Geste oder ein Bemühen gewürdigt wird.

Und wenn wir es gemeinsam schaffen, eine Kultur der Dankbarkeit zu leben und die Welt so ein wenig besser und zugewandter zu machen, will ich Ihnen von ganzem Herzen sagen, was seit Herbst 2019 auf Pier 40 in New York in Großbuchstaben

fußballfeldbreit über dem Wasser steht und hoffentlich nie übersprayt werden wird:

»I WANT TO THANK YOU.«

Und jetzt tief empfundenes »Danke!« von ganz
besonderen Menschen in ganz besonderen Lebens-
situationen:

Florian von Heintze,
Journalist & Medienberater

Dank an Frank und: danke, Anke!

Danke Vater, danke Mutter, danke Kinder, Dank den Enkeln.

Dank an Freunde, Dank den Feinden, Dank der Freude und der Freiheit.

Dank den Blumen und dem Meer. Dank an Sonne, Mond und Sterne, Dank den Büchern, der Musik.

Dank für einen guten Morgen, Dank für jeden neuen Tag.

Und zum Schluss noch: Dank an Punk!

Anne Kamratowski,
Kreativunternehmerin

Ich war etwa 60 Jahre alt, als ich eine tiefe Dankbarkeit für meinen Körper spürte. Nie zuvor war es mir so deutlich geworden, dass er ein wirklicher Freund ist und mich bis zum Tod begleiten wird, egal was ich tue.

Er bietet mir das Zuhause für meinen Geist und meine Seele, schützt mich, putzt und repariert unablässig. Nicht immer, besonders in der Jugend, wusste ich das zu schätzen. Ich glaubte Menschen, die meinen Körper nicht mochten, und litt unter vermeintlichen Mängeln. Ich betrachtete ihn als selbstverständlich und beutete ihn aus.

Jetzt habe ich gelernt, meinen Körper zu lieben, und bin dankbar für die Kinder, die er mir geboren hat, dafür, dass er Verletzungen geschickt ausgleicht und bis heute stark, sportlich und gut aussehend geblieben ist. Die Narben, Falten und mein »aluminiumblondes« Haar gehören zu mir und erzählen meine Geschichte.

Versöhnung, Dankbarkeit und Liebe machen uns zu einem Team voller Kraft und Zuversicht.

Ingrid Jochheim,
Kunstsammlerin

Vor nahezu fünf Jahrzehnten, 1976, stand ich nach unruhigen, unsicheren Zeiten an einem Wendepunkt meines Lebens.

Eigentlich war alles klar geplant für den nächsten großen Schritt, meine Hochzeit drei Monate später. Aber es fühlte sich nicht mehr richtig an. Wegen anderer schwieriger Umstände ließ ich den Gedanken nicht zu. Alles lief schon in Richtung dieser Hochzeit.

Es war das Einfachste.

Dann traf ich in Berlin unvorbereitet einen jungen, unkonventionellen Mann, der mir nach vier Stunden einen Heiratsantrag machte. Konnte ich das ernst nehmen? War das seriös?

Sicher nicht, aber es war so herrlich spontan, unverstellt, wahrscheinlich pure Liebe.

Es wäre unvernünftig, ein großes Wagnis, sich

darauf einzulassen. Der Kopf sagte, »nein, zu verrückt, kann nicht sein, also nein«.

Lass alles laufen. Es ist das Einfachste.

Sechs Wochen intensivstes Werben wollte ich geheim halten. Aber das Herz pochte laut. Trotzdem, nichts machen. Es ist einfacher, bei der geplanten Hochzeit zu bleiben.

Doch dann, eines Nachts, wachte ich auf mit dem dringenden Gefühl einer inneren Stimme, recht laut: »Du musst es machen, nur das ist der richtige Weg. Trau dich, spring ins kalte Wasser.«

Ich bin gesprungen!

Seit fast fünf Jahrzehnten bin ich dankbar, nicht den einfachsten Weg gegangen zu sein.

Denise Ginesta,
Beraterin für Persönlichkeitsentfaltung

Dankbarkeit, so ein großes Wort.

Bis vor Kurzem war ich mir der unglaublichen Kraft dieses Wortes gar nicht bewusst. Dank oder Dankbarkeit setzt nämlich Präsenz und Wahrnehmung voraus. Denken wir also aktiv an Dinge, Situationen und Erlebnisse, die uns glücklich machen, hebt das nicht nur unsere Stimmung, sondern Botenstoffe im Gehirn werden freigesetzt, die unser Glücksempfinden potenzieren. Die Frage ist nur, wie kommen wir in unserem Alltag, geprägt von Stress, Ängsten, Niederschlägen, Verlusten und immer wiederkehrenden Gedankenmustern, in diese beglückende Dankbarkeitsempfindung?

Atmen.

Bewusst ein- und ausatmen. Mehr aus- als einzuatmen, ist eine große Hilfe. Gedanken, die während des bewussten Atmens so kommen, keine

Beachtung schenken, einfach weiterziehen lassen wie einen Vogelschwarm. Diese Achtsamkeit gibt uns die Möglichkeit, im Hier und Jetzt zu sein. Im Hier und Jetzt löst sich das, was gewesen ist und was in Zukunft sein soll, sofort auf, und das Sein bezieht sich nur auf den Augenblick.

Versuche mal, das Gefühl tiefer, bedingungsloser Liebe in dir wachzurufen. Stell dir nur mal vor, der erste Schneespaziergang bei Sonnenschein, der Hund, der dich mit Freudentaumel an der Tür begrüßt, die erlösende Nachricht nach einem Arztbesuch, Kuscheln mit deinen Kindern oder auch nur ein schönes Lied, das verzaubert. Jeder kann sich gedanklich in einen Moment, eine Situation versetzen, in der dieses Gefühl von Liebe wie ein warmer Schauer durch den Körper strömt.

Mein persönlicher »Trigger«, um in dieses Gefühl bedingungsloser Liebe zu kommen, ist der Moment, als ich zum ersten Mal mein neugeborenes Baby in den Armen halten durfte. Alles in der Vergangenheit und alles in der Zukunft Liegende ist für diesen einen Moment völlig ausgeblendet. Fühlbar ist dieser Strom aus Liebe, Glück und Dankbarkeit für das große Geschenk des Lebens.

Alica Preetz,
Mindset-Coach

Mein Körper fühlt sich wie eingefroren an. Ich kann mich nicht erinnern, wann ich das letzte Mal so gezittert habe.

»Ihr müsst *jetzt* in die Klinik fahren! Hast du einen Hänger, um sie zu verladen?«

Selbst wenn ich einen Führerschein hätte, bezweifele ich, dass ich dazu in der Lage wäre … Ich darf sie ein letztes Mal sehen, bevor sie in den OP gebracht wird. Was folgt, sind die längsten fünf Stunden meines Lebens.

Diese Momente relativieren alles andere, worüber man sich Sorgen macht. Nach Stunden, die sich wie Tage anfühlen, bekomme ich den erlösenden Anruf: »Filly hat die Operation überlebt. Sie dürfen jetzt zu ihr.«

Das Wort »Dankbarkeit« wäre untertrieben.

Der vorläufige Abschied an diesem Abend hat

mir wieder einmal vor Augen geführt, dass die Dinge, die ich manchmal für so verdammt wichtig halte, in Wahrheit nicht wichtig sind.

Das erfolgreiche Business. Das Geld oder die Anerkennung. All das ist cool und bis zu einem gewissen Grad erfüllend. Aber es bedeutet nichts, wenn die Liebsten um dich herum krank sind oder niemand da ist, mit dem du deinen Erfolg teilen kannst.

Letzte Woche durfte ich mein Herzenspferd nach fast sechs Monaten Genesung zum ersten Mal wieder reiten. Ob ich Freudentränen geweint habe, als wir bei strahlender Sonne über die Koppel getrabt sind?

Diese Dankbarkeit für die Gesundheit meiner kleinen Familie … Ich habe mich in meinem ganzen Leben noch nie so reich gefühlt. Danke, dass du noch da bist.

Andreas Lukoschik,

TV-Legende

Dankbarkeit ist eine großartige Haltung. Denn der Dankbare ist positiv überrascht, dass seine Befürchtungen nicht bestätigt wurden, sondern sich zum Guten gewendet haben. Manchmal durch einen anderen Menschen, manchmal durch das Leben, manchmal durch eine höhere Instanz.

Und weil Dankbarkeit ein freudiges, lebensbejahendes Gefühl ist, hat es nichts damit zu tun, in der Schuld eines anderen zu stehen. Deshalb hat Dankbarkeit auch nichts mit Unterwürfigkeit zu tun. Im Gegenteil. Sie schaut aufrecht und freudig jenem in die Augen, der geholfen hat, kann also Hilfe annehmen und die Leistung eines anderen anerkennen.

Sie strahlt Wertschätzung und ... ja, Bescheidenheit aus. Sie ist ein Zeichen eines emanzipierten Menschen, der die eigenen Grenzen kennt und die

Stärken und Vorzüge des Gegenübers sieht und anerkennt. Wie bei mir. Ich empfinde große Dankbarkeit, dass ich nach einer lebensbedrohlichen Erkrankung den Weg zurück ins Leben finden durfte.

Dankbarkeit gibt dem Leben zusätzlichen Glanz. Den von Zuwendung und Aufmerksamkeit. Und rollt kleinen Lichtpunkten des Lebens einen roten Teppich aus.

Getragen von meiner Familie und Freunden. Und geleitet von Prof. Bassermann und seinem grandiosen Team.

Florian Haller,
Chef von Europas größter inhabergeführter Kommunikationsagentur

Florian Langenscheidts Bücher haben mich inspiriert, darüber nachzudenken, was für mich *Glück* ist. Ich stelle mir Glück wie ein Haus vor, in dem ich lebe: Das Haus steht auf einem *Fundament*, das meine Gesundheit bildet. Und zugegebenermaßen – das Fundament vergesse ich viel zu oft. Ist ja schließlich unter der Erde – sozusagen unsichtbar.

Dann kommen die drei Zimmer, in denen ich lebe. Das erste Zimmer, das wärmste, steht für die *Menschen*, die ich liebe: meine Familie, alte und neue Freunde, Menschen, die mich durch ihre Worte oder Anwesenheit inspirieren. Wenn ich dann weitergehe, komme ich in das zweite Zimmer. Es steht für meine sinnstiftende *Tätigkeit* – für die ich lebe. Damit meine ich den Ausbau der Serviceplan Gruppe. Ich will dort ein Umfeld schaffen, das möglichst vielen Menschen einen besonderen Ort bietet. Einen Ort, der nicht nur materielle Sicherheit bietet, sondern der auch dazu beiträgt, dass die Welt ein Stück grüner, toleranter und hilfsbereiter wird. Und dann ist da das dritte Zimmer: Das sind die schönen *Momente*, in denen ich lebe und mich selbst spüre. Da sind die kleinen, die ich leider gerne vergesse, und die großen Momente: das Abendessen mit unseren Töchtern oder die Reise in der transsibirischen Eisenbahn vor einigen Jahren. Bleibt noch das Dach, das alles zusammenhält und schützt. Für mich ist es das *Nachdenken* über das große Ganze, das Warum und das Was, die Philosophie.

Wenn ich diese fünf Bestandteile meines Hauses in Balance halten kann, glaube ich, dass ich ein glücklicher Mensch bleibe.

Danke, lieber Florian, für die Inspiration!

Andrea Bury,

Sozialunternehmerin & Frau des Herzens
von Florian Langenscheidt

»Kind, lache viel, damit du mal glückliche Falten bekommst.«

Diesen unscheinbaren Satz gab mir meine geliebte Oma mit ins Leben. Ich weiß nicht, ob ihr bewusst war, welch wunderbare Lebensweisheit sie mir damit auf den Weg gegeben hat. Ich fand das jedenfalls mit acht Jahren sehr überzeugend und habe mich daran gehalten! Lachen oder auch ein Lächeln ist wie der Blick durch ein Fenster, das uns die Schönheit der Welt zeigt – ein Ausdruck von Glück.

Meine Oma hat mir durch diesen kleinen Satz, der in meinem Herzen geblieben ist, so viele positive

> Dankbarkeit ist soooo viel mehr als eine Formalität. Nein, sie ist das Öl der Gesellschaft, tief empfundene Wertschätzung, leise lächelnde Freude am nur scheinbar Selbstverständlichen.

Erlebnisse, Optimismus und Liebe geschenkt – denn jedes Lachen kam und kommt doppelt und dreifach zurück. Aber am meisten würde sie freuen, dass das Lachen nicht unbeteiligt an meinem großen Glück der Liebe ist … und er auch glückliche Falten hat.

Angelika Bellinger,
Rechtsanwältin

Mein Dank richtet sich an Gott, der diese Welt so schön geschaffen hat und sie mich zu einer Zeit hat genießen lassen, in der ich eine wohl auf Erden nie zuvor da gewesene Freiheit erleben durfte, in der die Menschen um mich voll Freude arbeiteten und mit Stolz schufen und zugleich nicht vergaßen, die Wunder der Natur zu sehen und zu bestaunen und das in alldem liegende Glück *er*griffen und *be*griffen.

Gott danke ich dafür, dass er mir meine liebevollen, klugen und geradlinigen Eltern geschenkt und sie mir so lange zur Seite gestellt hat; in deren unverbrüchlicher Liebe durfte ich mich stets geborgen fühlen, ihnen verdanke ich alles, was mich und mein – glückliches – Leben ausmacht.

Ebenso bin ich ihm täglich für das Geschenk dankbar, die ebenfalls nicht austauschbare Liebe *zu* meinem und *von* meinem Kind erfahren zu dürfen, meiner Tochter, die mein Leben nahezu täglich mit einem Lächeln oder Lachen verschönert.

Schließlich bin ich Gott zutiefst für mein großes Glück dankbar, seit Jahrzehnten mit meinem Mann, meiner Cousine, meinem Bruder und der Vielzahl meiner guten Freunde in einer Gemeinschaft leben zu dürfen, die sich gegenseitig stets Stütze ist, Freude gibt (Leid teilt) und in der jede und jeder Einzelne mit all den jeweiligen vielseitigen Interessen viele bunte Aspekte in mein Leben gebracht hat.

Dorothee Bär,
Politikerin

Dankbarkeit. Ich bin jeden Tag aufs Neue dankbar, unserer Demokratie dienen zu dürfen. Ich arbeite hart daran, diese Dankbarkeit zu zeigen, indem ich mich für unser Land, meine Heimat, für die Bürgerinnen und Bürger meines Wahlkreises einsetze. Gerade in diesen Tagen, die von Krieg und Konflikten geprägt sind, im Nahen Osten, aber auch bei uns in Europa, wird uns allen deutlich vor Augen geführt, wie dankbar wir sein können, in Freiheit leben zu dürfen. Zu oft war das auch bei uns in Deutschland nicht möglich. Wir dürfen nie vergessen, dass Freiheit und Demokratie in unserem Land unter größten Opfern errungen werden mussten. Deshalb ist es die Pflicht von uns allen, diese hohen Güter entschieden gegen jene zu verteidigen, die eine Autokratie anstreben. Ich bin dankbar, für all jene, die sich für unsere Demokratie, für unsere

Gemeinschaft engagieren, oft ehrenamtlich in ihrer Freizeit. Ich bin dankbar für die, die unsere Vereine mit Leben füllen, unseren Kindern Sport oder Musik ermöglichen, sich für andere Menschen einsetzen. Diese Dankbarkeit ist verbunden mit tiefem Mitgefühl für alle weltweit, die größte Gefahren auf sich nehmen, damit sie in ihrer Heimat in Frieden und Freiheit leben können. Denn das sollte unser aller Ziel sein: dass alle in einer Demokratie leben dürfen.

Eve Büchner,
Business-Angel

»Sich selbst bekriegen ist der schwerste Krieg. Sich selbst besiegen, der schönste Sieg.«

Mit diesem Spruch meines Großvaters Martin Büchner bin ich aufgewachsen, lange habe ich danach gelebt, vieles geschafft und immer wieder gedreht.

Inzwischen sind all unsere Großeltern verstorben (Oma Marga im 97. Lebensjahr), und mir ist mit nunmehr über 50 Jahren so klar wie nie zuvor, wie dankbar ich dieser Generation bin, die so viel entbehrt und gleichzeitig so viel gegeben hat.

Thomas Ischinger,
Herzspezialist

Zweimal »Danke« aus heiterem Himmel:

Ein Zufall: Als ich heute am Morgen an der Verkäuferin der Obdachlosenzeitschrift »Biss« im U-Bahngeschoss vorbeikomme, steht sie auf, geht einen Schritt auf mich zu und sagt: »Sie waren eine Weile nicht hier; Sie haben mich immer gegrüßt – danke! Ich hab Sie vermisst.«

Dieses kleine »Danke« war für mich groß.

Später am Tag kommt in die Praxis eine Dame von 78 Jahren festen Schrittes und strahlend auf mich zu, umarmt mich spontan und fest und erklärt:

»Mir geht es so gut, ich bin froh und so dankbar für das, was Sie vor sechs Jahren getan haben …!« Spontan erinnere ich mich nicht. Sie erklärt es, drückt mich innig und wünscht mir und meiner Familie Gesundheit und Glück. Mit einer Umarmung bedanke ich mich. Dann geht sie. Ich bin einigermaßen sprachlos.

Wenig später schreibe ich ihr einen sehr persönlichen Brief – um *mich* zu bedanken.

Durch ihren nachgetragenen Dank fühle ich mich sehr wahrgenommen und irgendwie auch glücklich. Ich hoffe, dass mein Brief Ähnliches bei ihr bewirken kann.

Wenn mir Dank so bewusst entgegengebracht wird, berührt er mich. Umso mehr, wenn ich mit nichts dergleichen rechne. Unerwarteter Dank hat eine besondere emotionale Kraft.

Für mich ist Dank ein – für alle Menschen verfügbares – Gut, mit dem wir gegenseitige Wahrnehmung spürbar machen. Und ein Echo an positiven Emotionen – Glücksgefühle eingeschlossen – auslösen können.

Der überraschende doppelte Dank an diesem Tag hallt in mir nach. Ich will künftig bewusster Dank sagen, auch für vermeintlich kleine Gesten. Und Dank achtsamer wahrnehmen.

Manuel Herder,
Verleger in sechster Generation

Über Dankbarkeit zu schreiben, kann ganz schön undankbar sein. Aber der Reihe nach: Als Florian Langenscheidts Anfrage in meinen Posteingang flatterte, freute ich mich. Einen Text über Dankbarkeit schreiben? Nichts leichter als das, dachte ich mir und sagte zu.

Am nächsten noch nicht verplanten Abend begann ich zu schreiben. Geschmückt mit Zitaten von Aristoteles und Konfuzius, erklärte ich Dankbarkeit und rundete das Ganze mit einem passenden Schlussgedanken meines »Star-Autors« Benedikt XVI. ab.

Pulitzerpreisverdächtig.

Ich schrieb Florian, dass mein Text fertig sei, und er ihn bald zugeschickt bekommen würde. Ich wollte ihn einige Tage ruhen lassen, noch mal gegenlesen und bei Gelegenheit jemandem zeigen, denn

Kritik tut immer gut. Als ich mit einer Pädagogin und einem Journalisten zusammensaß, nutzte ich die Gelegenheit. Die Pädagogin las mein Werk gekonnt vor, ich lehnte mich zurück und wartete auf Zuspruch. Es blieb still. Sie sind also beeindruckt, dachte ich zufrieden. Nach einer Pause, die für ein beeindrucktes Publikum deutlich zu lang war, fragte der Journalist schließlich mit steinerner Miene: »Hast du den schon abgeschickt?«

»Nein«, sagte ich. Sein Gesicht hellte sich auf. »Wieso?«, fragte ich etwas verunsichert. »Der Text ist bemüht, bieder und nicht sonderlich spannend«, sagte die Pädagogin und schob milde hinterher: »Einfach löschen und komplett neu anfangen.«

Damit wären wir beim Dank: Gott sei Dank habe ich Menschen um mich herum, die mir sagen, was sie wirklich denken.

Elisabeth Binder,

Journalistin & Kolumnistin

Soll man denn den glanzvollen Abend gestern wirklich der Willkür des Erinnerungsvermögens anheimfallen lassen? Warum den köstlichen Speisen, den anregenden Getränken, den inspirierenden Tischgesprächen, der warmen, herzlichen Gastlichkeit der Freunde, die sich die Mühe gemacht haben, ihr Haus zu öffnen, ihre Räume zu schmücken, nicht ein kleines Denkmal setzen in den ewigen Weiten des Internets?

Es reicht ja schon eine winzige Mail: »Danke!« Wer in Dankbarkeit lebt, vervielfältigt die kurzen Momente des Glücks, die das Leben ihm schenkt, weil er sich immer wieder daran erinnert und auch denjenigen Anerkennung zollt, die sie ihm geschenkt haben.

Jeder Mensch sehnt sich nach Feedback für das, was er tut. Und es kann so einfach sein. Natürlich kann man auch einen detailreichen Brief schreiben und die Kochkünste der gastgebenden Freunde bis auf einzelne Aromen herunterbrechen. Hauptsache, das Glück, das sie generiert haben, bleibt nicht ohne artikulierte Wertschätzung.

Eines der zentralen Motive der abendländischen Kultur, die christliche Eucharistiefeier, handelt vom Danken. In ihrer reinsten Form ist sie ein Dankeschön für das Leben und die Liebe. Das dem warmherzigen griechischen Wirt nach dem letzten gemeinsam geleerten Ouzo zum Abschied zugerufene »Efcharistó« mag als fernes weltliches Echo gelten.

Was ist die schönste Einstimmung in die letzte rauschende Party des Jahres am Silvesterabend? Man schreibt eine Liste mit all den Dingen, für die man im Laufe des Jahres dankbar sein durfte.

Christoph Werner,
Vorstandsvorsitzender dm (Drogeriemärkte)

Dankbarkeit sei eine wesentliche Voraussetzung für Resilienz, sagte mir kürzlich ein Freund. Wie recht er doch hat, dachte ich.

> Dankbarkeit unterstreicht die Tatsache, dass wir aufeinander angewiesen sind, auf galante Weise – und projiziert sie mutig auf das Universum und unser Lebensschicksal.

Denn gerade in schweren Stunden kann Dankbarkeit Zuversicht spenden. Dankbarkeit ermöglicht es, Gewesenes nicht nur als ein abgemähtes Stoppelfeld zu sehen, sondern auch die vollen Scheunen der Erfahrungen und Erkenntnisse zu bemerken, die das Vergangene ermöglicht haben. Dankbarkeit versetzt in die Lage, jede Begegnung und jedes Erlebnis als Geschenk zu erkennen, das dabei hilft, den eigenen Weg im Leben zu finden.

Besonders deutlich wurde mir dies in der Trauer-arbeit nach dem Verlust von Menschen, die mich im Leben prägten und deren Verlust ich mir lange nicht vorstellen konnte. Gemeinsam eine Lebens-strecke gegangen zu sein, ist ein Geschenk, das im Erfahrungsschatz den weiteren Weg mit Zuversicht gehen lässt. Dankbarkeit verwandelt diesen Schatz in Bausteine, mit denen ich belastbare Wege in die Zukunft pflastern kann.

Welch ein Glück, in diese Zeit, in dieses Land und in diese Gemeinschaft von Menschen geboren zu sein! Danke für die kraftvollen Schultern der vorher-gehenden Generationen, auf denen ich stehen darf! Danke für die Menschen, die mich begleiten und behüten! Danke für die Zeit, die mir geschenkt ist!

Kara und Wolfgang Huber,

Schulleiterin und Ratsvorsitzender der evangelischen
Kirche in Deutschland

Der Kulturkritiker Ivan Illich lud uns 1983 zu sich
nach Mexico ein. Wir mieteten nach dem Flug
einen VW-Käfer und fuhren nach Cuernavaca.
Ivan ging mit uns gleich auf den Markt; wir staunten über das pulsierende Wirrwarr mit den eigenartigen Gerüchen. Lebendige Hühner zum Verzehr
wählte unser Gastgeber aus, die durch einen Schlag
getötet wurden.

Nach einigen Tagen trieb uns zwei die Neugier
über die Grenzen des Staates Morelos hinaus. Das
Kartenmaterial war Mitte der Achtzigerjahre rar.
An Tankstellen gab es keine Landkarten zu kaufen,
und die Erfindung der Navigatoren und der Handys
wurde erst vorbereitet. Unser Ziel war Acapulco,
das uns überhaupt nicht gefiel, weil wir einsame
Strände bevorzugten. Weiter ging es nach Oaxaca.

Auf einer Kreuzung der Route 200, von der drei Straßen ohne Hinweisschilder abbogen, landeten wir in drei Sackgassen. Also retour: Wir folgten einem Wegweiser nach Angel. Der Strand war, wie von uns gewünscht, einsam. Doch statt das Schwimmen zu genießen, erlag Wolfgang Montezumas Rache. Wiederhergestellt wanderten wir am Schild mit der Aufschrift »Beach dangerous« vorbei. Schließlich hatten wir Lust, zu baden.

Bei dem hohen Wellengang schwamm ich am Ufer entlang, während Wolfgang beherzt in die sich brechenden Wellen hineinhechtete. Plötzlich konnte ich ihn nicht mehr sehen. Rufen half nichts, die Wellen schienen ihn verschluckt zu haben. Es kam mir vor wie eine Ewigkeit. Doch dann – mit blutenden Schürfwunden von den Steinen verursacht – rannte ich ihm entgegen. Er schwieg, bis er leise sagte: »Dem Strudel war ich total ausgeliefert, drehte mich in einem fort. *Tod* war mein letzter Gedanke. Gott sei Dank, dass ich ihm entronnen bin.«

Cornelius Nohl,
Geschäftsführer Children for a better World e. V.

Ein Brennpunktstadtviertel mitten in Deutschland. Eine Anlaufstelle für die Kinder aus dem Quartier. Pädagoginnen, die ihren Schützlingen ein zweites Zuhause geschaffen haben. Etwas Budget für eine Sommerreise und die Frage an die Kinder: Was wollt ihr damit machen? Die Antwort: den besten Döner in Berlin essen! Wirklich? Wie kommen wir dahin? Mit dem Fahrrad! Und wie soll das gehen, wenn der Alexanderplatz 180 Kilometer entfernt ist, viele der Kinder kein Fahrrad haben und andere gar nicht Fahrrad fahren können? Indem sie anfangen, an sich zu glauben: einen Plan schmieden. Eine Fahrradwerkstatt aufbauen. Fahrradkurse organisieren.

Dann, nach Monaten, startet die große Reise. Kinder, Betreuer, Ehrenamtliche radeln auf der Fahrt ihres Lebens. Richtung Norden, jeden Tag viele Kilometer. Oft viel zu heiß, immer anstrengend. Mehrere Nächte auf dem Campingplatz. Eine körperliche wie mentale Grenzerfahrung. Ermüdung, unzählige Diskussionen, Kapriolen schlagende Motivation. Doch am Ende schaffen es alle nach Berlin. Sie sind über sich hinausgewachsen, stehen voller Stolz auf dem Alexanderplatz. So gut hat ein Döner noch nie geschmeckt. Diese Kinder haben gelernt, dass es sich lohnt, Ziele zu haben und dafür zu kämpfen. Sie haben verstanden, dass sie sich etwas zutrauen können, dass sie nicht scheitern müssen, wie so viele in ihrem Umfeld. Für sie alle ist diese Radtour eine lebensverändernde Erfahrung.

Ich bin unendlich dankbar dafür, einen Beruf ausüben zu dürfen, in dem ich – zusammen mit vielen anderen – mehr als 500 dieser Aktivitäten im Jahr ermöglichen kann. So machen wir die Welt jeden Tag ein kleines Stück besser. Was für ein Privileg!

Raphael Kammann,
Lokomotivführer

Meine Kindheit und besonders die Zeit im Alter von acht bis 18 war geprägt von Drama und Tragödie. Ich wuchs auf in einem Umfeld, das mir eintrichterte: »Ich bin falsch und muss gefixt werden.« Ich erlebte altersbedingte Abhängigkeit sowie Unterdrückung, Machtmissbrauch, Boshaftigkeit, Intrigen, Gewalt, ein nicht selbst gewähltes, kriminelles Umfeld und bestimmt 20 Ortswechsel mit jeweils neuem Umfeld und fremden Personen. Die Zeit war schwer und prägend für mich, aber es gab Menschen, die mir trotz aller Widrigkeiten beistanden, und neue Menschen kamen in mein Leben, von denen ich Wichtiges gelernt habe und noch immer lerne. Das Wertvollste, was ich aus dieser Zeit gelernt habe, ist meine Sensibilisierung für die Themen Freiheit vs. Unterdrückung, Gerechtigkeit vs. Machtmissbrauch, Wahrheit vs. Lüge und

Intrige sowie das Streben danach, etwas Gutes zu bewirken. Hätte ich diese harte Zeit nicht durchlebt, hätte ich heute keinen so klaren Wertekompass. Mein Charakter wurde durch diese Zeit geformt, und ich habe aktiv Entscheidungen treffen müssen, ich habe mich für das Leben entschieden und für das Gute und Richtige darin.

Also, wenn ich eines wählen müsste, dann ist es die Erkenntnis, dass auf schlechte Zeiten immer bessere folgen, man immer etwas lernt und die daraus resultierende Fähigkeit zur Gelassenheit, für die ich an dieser Stelle meine Dankbarkeit zum Ausdruck bringen möchte. Ich wünsche mir darüber hinaus, dass wir alle dankbar sind für Dinge, die wir geschenkt bekommen haben, wie das eigene Leben und die individuellen Gegebenheiten, für die wir zunächst nichts getan haben, wie zum Beispiel Gesundheit, Schönheit, Klugheit und die Lebens- und Familienumstände. Und dass wir einander ergänzen, helfen und fördern, über soziale und Landesgrenzen hinweg.

Birgit von Heintze,
Autorin

Als Kind sagte meine Mutter oft zu mir: »Und, was sagt man?« Ich begriff schnell, dass ihre Frage die Antwort »Bitte« oder »Danke« bereits implizierte. Mich zu bedanken in einem Moment, der mir aufgezwungen schien, provozierte auch als Jugendliche meinen Widerstand. Ich antwortete dann trotzig mit einem Schulterzucken, was sie erzürnte und zu einem endlosen Monolog über mein schlechtes Benehmen ansetzen ließ: »Was bist du bloß für ein undankbares Mädchen!« Gefolgt von einer Ohrfeige meines Vaters für mein »störrisches und uneinsichtiges« Verhalten. Meine Bereitschaft, »artig« zu sein und mich brav zu bedanken, rückte in noch weitere Ferne. Natürlich reifte spätestens mit meiner pubertären Phase die Einsicht, dass Höflichkeit und gewisse Umgangsformen den Alltag durchaus erleichtern.

Heute ist es mir mehr denn je ein Bedürfnis, meine Dankbarkeit zu zeigen und nichts für selbstverständlich zu nehmen. Danke für Freundschaft, Liebe, den sonnigen Tag, den schönen Abend, die Unterstützung, mein privilegiertes Leben in einer rechtsstaatlichen Demokratie.

Dankt Narziss?
Danken Autokraten?

Nicht routiniert oder floskelhaft, sondern aus vollem Herzen.

Obwohl meine Beziehung zu Gott nicht die allerengste ist, danke ich ihm häufig, dass er seine schützende Hand über mich und meine Familie hält, dass wir von Reisen heil und unversehrt wieder nach Hause kommen, dass wir gesund sind und einander haben.

Meine Mutter hätte es wohl gefreut, zu sehen, dass meine Dankbarkeit auch für die kleinen Dinge mit den Jahren gewachsen ist. Und das sogar freiwillig und aus innerster Überzeugung.

Olaf Salié,
Publizist & Autor

Die Erinnerung ist eine Hellseherin. Viel früher als der eigene Verstand kann sie die Bedeutung eines Augenblicks voraussehen. Bevor man selbst versteht, und manchmal versteht man lange nicht, was vor sich geht, hat sie längst auf höhere Pixelstärke gestellt, speichert scharfkantiger ab. So muss es gewesen sein, als ich das erste Mal dem Mann begegnete, der bald mein bester Freund werden würde. Der Ort, durchaus prosaisch: das Rolltreppenhaus eines Kaufhauses irgendwo in der Fußgängerzone Dortmunds. An der Seite einer flüchtigen Bekannten kommt er – bühnenreif – die Rolltreppe hinunter, wird mir vorgestellt und betritt mein Leben. Ich trage einen blau-weiß gestreiften Pullover mit eingenähtem Polokragen, dazu eine weite beige Baumwollhose und Bootsschuhe mit weicher weißer Sohle, es sind die Achtzigerjahre. Er trägt einen etwas zu großen Tweedblazer, ohne Zweifel eine Leihgabe des Vaters. Dazu eine Cordhose. »Psychiatrisch Cord« wird er das einmal nennen, nicht ohne Selbstironie! Er ist ein berühmter Psychiater, der bis heute Cord trägt. Unendlich detailreich kann ich mich an den Moment unserer ersten Begegnung erinnern. An den Klang und den Geruch des Kaufhauses, an das schöne, melancholische Gesicht meines zukünftigen besten Freundes. Dafür danke ich dem Leben, für den Freund und Lebensbegleiter und für die präzise Erinnerung unserer ersten Begegnung.

Kirsten Bruhn,
Goldmedaillengewinnerin Paralympics

Danke ist ein sehr reflektierendes Wort. Es gibt dem ein Grinsen, der es gesagt bekommt, und dem, der es sagt. Es ist ein Zeichen von Respekt, Dankbarkeit und Höflichkeit.

In meinem Leben habe ich genau diese drei so wichtigen Benimmregeln von meinen Eltern gelernt. Dafür danke ich ihnen, wie für alles, was sie für mich getan, gelassen, gesagt, verschwiegen und vermittelt haben. Nach meinem Unfall 1991 und der daraus resultierenden inkompletten Querschnittslähmung wusste ich nicht, ob ich mein Leben weiterleben möchte oder ob ich überhaupt noch ein lebenswertes Leben leben kann. Elf Jahre nach dem Unfall habe ich wieder ins Leben zurückgefunden. Durch meinen Sport – das Schwimmen – konnte ich wieder Lebensfreude und einen Sinn in meinem Leben fühlen. Die Jahre zwischen dem Unfall und der Leistungssport-Karriere im Para-Schwimmen haben meine Eltern, Geschwister, Medizinerinnen wie Therapeuten und Freunde mich begleitet und getragen. Dafür kann ich mich gar nicht genug bedanken und *Danke* in den Himmel schreien. Von 2002–2016 bin ich Kaderathletin des Deutschen Behinderten Sportverbandes gewesen, und diese Zeit war die intensivste und mit die wichtigste in meinem Leben und meiner Entwicklung. Bei all dem Schmerz, der Traurigkeit und Hilflosigkeit, die ich spürte und die ich heute phasenweise immer noch spüre, habe ich durch den Sport gelernt, wie viel Glück ich habe, das Kind meiner Eltern sein zu können, und die Menschen um mich herum getroffen und gefunden zu haben, die mir immer stützend zur Seite gestanden sind. Ebenso danke ich mir selbst, nicht aufgegeben zu haben!

Ulla und Wolfgang Hiddemann,
TV-Produzentin und Krebsspezialist

Danke dem Gärtner, der sich nicht an eine Absprache hielt!

Ulla: Als wir zum ersten Mal ein Paar wurden, lag unser jeweiliges vorheriges Leben in Trümmern. Ich war noch nicht lange Witwe, und deine erste Ehe war seit Langem in Schieflage. Keine guten Voraussetzungen für eine neue, glückliche Beziehung. Wir klammerten uns wie zwei Ertrinkende aneinander und wunderten uns, dass wir untergingen. So kam es dann zur Trennung, bitter und schmerzvoll, aber vernünftig. Zwei Jahre lang keinerlei Kontakt, aber eine Gemeinsamkeit: der Gärtner, der sowohl meinen Garten als auch dein neues Grundstück pflegte, als du aus der Stadt aufs Land gezogen warst. Mit diesem Gärtner gab es ein stilles Abkommen: keine Fragen und auch keine Erzählungen, was sich gerade im Leben des anderen abspielt! Und daran hielt er sich – bis zu dem Tag, als er mir völlig überraschend berichtete, dass du dich einer größeren Operation an der Wirbelsäule unterziehen musst. Ich bekam einen riesigen Schreck und bat ihn, dir Grüße und »gutes Gelingen« für die Operation auszurichten …

Wolfgang: Diese Grüße kamen so unerwartet, dass ich mich hinsetzen musste und es zuerst kaum glauben konnte. Hattest du vielleicht doch noch Gefühle für mich? Als wir uns nach meiner Bitte um ein Wiedersehen trafen, blieb die Welt für mich stehen, und der Zauber der Liebe war sofort wieder da. Ein neues Kapitel konnte aufgeschlagen werden. Wir beide hatten uns mit der Vergangenheit intensiv auseinandergesetzt und viele offene Fragen geklärt. Du hattest die Trauer um deinen ersten Mann verarbeitet, und ich hatte die endgültige Trennung von meiner früheren Frau vollzogen. So begann das Glück einer zweiten großen Liebe. Sie ist davon getragen, dass es uns beiden darum geht, den anderen zu verstehen und glücklich zu machen. Treffender hätte man es nicht formulieren können, als ein enger und langjähriger Freund bei unserer Hochzeit vor neun Jahren seine Rede mit den Worten eröffnete: »Wer hätte das gedacht?«

Friederike Werner,
Beraterin für strategische Kommunikation und Eventorganisation

Dankbarkeit ist für mich etwas Erstaunliches, es ist wie eine Währung, deren Wert wir selbst bestimmen. Einige Menschen haben augenscheinlich viel Anlass, sie zu empfinden, tun es aber kaum, während andere Menschen sie ganz massiv empfinden, trotz weniger offensichtlicher Gründe. Alle Menschen haben die Macht, zu entscheiden, wofür sie dankbar sind, und dies geschieht oftmals unabhängig von materiellen Werten, auch wenn diese Idee einfach wäre.

Ich empfinde Dankbarkeit am intensivsten im Kreis der Menschen, die ich liebe. Meiner Familie, meinem Huckleberry Friend, mit dem sich unser geteiltes Glück verdoppelt ... Beim Dinner mit Freunden oder wenn ich abends am Bett meiner Tochter sitze, einem gesunden und glücklichen Mädchen.

Gerade in diesen Tagen, in denen wir täglich mit grausamen Bildern von Menschen konfrontiert sind, die ihre Kinder aufgrund von Terror, Krieg oder Umweltkatastrophen nicht schützen können, empfinde ich nicht nur schmerzhaftes Mitgefühl, sondern auch große Demut und Dankbarkeit.

Dankbarkeit für unsere Sicherheit, das warme Bett in unserem schönen Zuhause, unsere Nahrung, den Zugang zu Bildung und unseren tollen Freundeskreis. All die Möglichkeiten, die uns jeden Tag geschenkt werden. Unsere Gesundheit und unsere großartige Familie.

Das Lied »Manchmal fallen mir Bilder ein« von Reinhard Mey, das zu den Lieblingsliedern meines äußerst dankbaren Vaters zählt, fasst dieses Konzept wunderbar zusammen und hat mich bereits früh dazu angeregt, über die Relation von Dankbarkeit nachzudenken.

Meine Tochter und ich haben ein Ritual: Wir sagen uns abends am Bett drei Dinge, für die wir an diesem Tag dankbar sind. Ihre sind oft zauberhaft kindlich und unbeschwert. Hieraus lerne ich, auch für die kleinen Dinge dankbar zu sein, nicht nur für das große Ganze. Es sind die Dankbaren, die glücklich sind, davon bin ich überzeugt.

Rupert Graf Strachwitz,
Zivilgesellschaftsexperte

Aufschreiben, wem ich danken will, ist ein Prozess der Selbstvergewisserung. Er orientiert sich an dem Leitgedanken meiner Existenz: der Beziehung zum transzendentalen und zum innerweltlichen Du. Ich danke Gott, der mich auf geheimnisvolle Weise immer wieder dirigiert hat. Ich danke den »üblichen Verdächtigen«; über sie zu schreiben, wäre aber kitschig oder sehr formal. Also weiterdenken! Wann und was ist mir Gutes widerfahren, weil jemand anderes etwas gesagt, getan oder veranlasst hat? Damit ich sie nicht wieder vergesse, schreibe ich die Namen auf. Mit dem Nachdenken wächst die Liste. Darauf stehen nun Menschen, die es darauf angelegt haben, mir zu helfen, und solche, die zufällig im richtigen Moment am richtigen Ort waren, das Richtige gesagt oder getan haben oder vielleicht auch nicht getan haben; Menschen, die mir den Weg gewiesen, mich gebremst, geschoben oder gestützt haben, denen ich dankbar bin und es hoffentlich auch gezeigt habe, und andere, denen ich es nie zeigen konnte, weil ich sie längst aus den Augen verloren hatte, wenn ich merkte, wie dankbar ich ihnen sein sollte. Aus der langen Liste greife ich zwei heraus, die es nicht erfahren haben; die Namen will ich nicht nennen. Einer gehört einer jungen ägyptischen Kollegin. Ein Zufallsgespräch – zwei Sätze – und plötzlich fällt der Groschen. Der andere gehört einem Studenten, der für mich gearbeitet hat. Eine dumme Frage von mir, eine spontane Antwort – und plötzlich weiß ich's. Beiden – und vielen anderen – danke ich.

Grund genug für Religion und Glauben wäre schon, jemanden zu haben, dem (oder der) man danken kann. Allein schon, weil man geboren ist in diese Welt und existiert. Allein schon, weil es die herrliche Natur gibt.

René F. Maeder,
Hotelier

Den Inbegriff des absoluten, vollkommenen Glückes habe ich erlebt, als nach einer Totgeburt, einer Fehlgeburt und nach dem Tod unserer kleinen Tochter (wir hatten unseren Kinderwunsch schon aufgegeben) uns doch noch ein Sohn geschenkt wurde.

Ich habe in meinem Leben nie mehr ein so unbeschreibliches, tiefes, befriedigendes Glücksgefühl gehabt wie damals, als ich dieses kleine blutverschmierte Lebewesen in meinen Armen hielt und unter großem Tränenfluss seiner Mutter brachte, als sie aus der Narkose erwachte. Meine Frau war so erschrocken, dass ich weinte, als sie mich mit dem kleinen Bub sah, dass sie dachte, das Schicksal hätte wohl erneut zugeschlagen. Heute ist unser Sohn Patric Emanuel 35 Jahre alt und macht uns immer noch große Freude. Mein Glücksgefühl damals äußerte sich so, dass ich nach Hause ging (unser Hotel hatte Betriebsferien) und ich das Lied »Dank sei dir, Herr, du hast dein Volk geführt« auf allen Lautsprechern im Hotel in voller Lautstärke abgespielt habe, dass selbst die Waldmäuse, die im November ihr Winterquartier in unserem Haus einrichten wollten, das Weite suchten.

Laura Bornmann,
New-Work- & Leadership-Expertin

Liebe Verena, liebe Marion, liebe Schwesterherzen, hiermit möchte ich euch von ganzem Herzen danken!

Die folgenden Zeilen können meine tiefe Dankbarkeit nur ansatzweise ausdrücken.

Ihr seid nicht nur meine Schwestern, sondern auch meine besten Freundinnen, Vertrauten und engsten Verbündeten. Trotz unserer Unterschiede sind wir in unseren Werten und unserem Menschenbild einander ähnlich. Ihr seid meine großen Vorbilder. Verena, dich schätze ich für deine Selbstreflexion und dafür, dass du dich so empathisch in andere Menschen hineinversetzt. Marion, dich bewundere ich für dein ehrliches Interesse an anderen Menschen und dass du es schaffst, den kleinen Dingen im Leben Bedeutung zu geben.

Der Verlust von Mama hat uns enger zusammengeschweißt und gezeigt, was im Leben wirklich wichtig ist. Ihr seid zu meinen Konstanten geworden, auf die ich bedingungslos zählen kann. Das wurde mir besonders im vergangenen Jahr bewusst, das für mich herausfordernd war. In dieser Zeit wart ihr an meiner Seite und habt mir geholfen, mich und das, was mich ausmacht, wiederzufinden. Ihr habt mich daran erinnert, dass am Ende des Tunnels immer ein Licht leuchtet.

Ihr seid meine Schultern in schweren Zeiten, aber auch der Grund, warum ich glücklich und zuversichtlich bin. Ihr sollt wissen, dass ich immer für euch da bin und alles für euch tun würde.

Ich bin unendlich dankbar, euch in meinem Leben zu haben. Mama wäre stolz auf uns. Mit all meiner Liebe und Dankbarkeit

Eure große Schwester Laura

Raphael Langenscheidt,

Vorstandsvorsitzender Children for a better World e. V.
& Sohn von Florian Langenscheidt

Wir legen so viel Wert auf die Unvergänglichkeit unseres Daseins. Darauf, dass Gefühle, Glück und Geborgenheit »für immer« sind. Dass Freunde, Familie und vor allem unsere Partner und Partnerinnen keine temporäre Erscheinung sind, sondern zu uns gehören und nicht mehr von unserer Seite weichen. Wir priorisieren Treue, Loyalität und zeitliche Verfügbarkeit.

Doch mein Dank gilt dem Vergänglichen und vor allem der Vergänglichkeit. Den flüchtigen Momenten, in denen alles passt und wir uns keine Gedanken darüber machen, ob das für immer so bleibt. Darüber hinaus jedoch vor allem den Momenten, in denen von uns unvergänglich Geglaubtes vergeht – und uns mit der Realität des Lebens konfrontiert, dass nichts unvergänglich ist.

Einerseits wird uns erst durch den Verlust von etwas, das wir bis an unser Lebensende an unserer Seite wähnten, die Größe dieser Liebe und Verbindung bewusst. Andererseits spiegelt der Verlust auch eine Realität des Lebens wider: Alles, was uns lieb ist, und jede Person, die wir lieben, ändert sich von Natur aus ständig – so wie wir selbst auch.

Die Vergänglichkeit ist also eine Konsequenz unserer Natur. Statt sie mit Liebesschwüren und Selbstzurückhaltung zu bekämpfen, möchte ich bei aller Verlässlichkeit und Liebe für meine Freundinnen und Partner diese Vergänglichkeit umarmen – und bin dankbar für all die Menschen, die ich – deutsche Grammatik at its best – geliebt haben werde.

Rosario Almeida Ritter,
Bankerin & Lyrikerin

Gedicht aus Dankbarkeit

In der Stille der Nacht die Schönheit erwacht,
Dankbarkeit über Werden und Sein.
Leben ist Dank! Danken ist Lebens-Haltung!
Der Anfang, des Lebens Geschenk,
das Ende, des Universums Mysterium,
dazwischen, Einzigkeit und Lebensfülle.

Danke diesem heiligen Boden der Erde,
der Weisheit, Hoffnung, Schönheit und Liebe,
vergangener, zukünftiger Generationen zuteil.
Danke der Vision, Beharrlichkeit, Fürsorge der Ahnen,
Möglichkeit hier zu sein, dem Wachsen und Werden,
Reichtum des Lebens, Ressourcen bewahren.

Dankbarkeit sei dem Leben gehuldigt,
dem Vorgezeichneten, dem Mit- und Unbestimmten,
dem Gebeichteten und Verborgenen in seiner Fülle,
dem Erhabenen, dem Zerstörten, dem Aufbegehrten:
Geschenk und Dank innewohnend beidseitig,
nimm es an, verweigere Dich nicht Deiner Lebens-Fülle!

Wo undankbare, schändliche Zerstörung, Streit, Wut
                                                  herrscht …
ist Leben muffig, schal, fad, banal, ohne Sinn,
einsam, depressiv, verwerflich das Tun schlechthin.
Wo Musik des Dankes mitklingt,
im Grundton des Lebens mitschwingt,
erspür Liebe in Mitgefühl, Erstaunen, Vorsorge und
                                                  Glanz,
unendliche Emotion, tiefste Traurigkeit, jauchzende
                                                  Freude ganz,
Kraft, Wille, Demut, Annahme, Hingabe und Ergeben,
gemeinsames, geteiltes Siegen der Schöpfung, dankbares
                                                  Leben.

Also nimm es an, lass es geschehen,
danke dem Leben,
dieses Spüren von Ganzheit in Einigkeit
von Körper, Geist und Seele,

dieser Fülle des Herzens ohne Reue,
den klaren Augen des Erkennens
von Weiß, Schwarz und Nebel,
von Grenzen, von Weite und vom Horizont,
unbegrenztes Versinken des Himmels im Meeresgrund,
erstes Licht, wärmende Strahlen beim Aufgang der
Sonne,
Dank sei dem Mond, den Sternen und der
dunklen Nacht,
Dank sei den Vögelein, den Tieren und allem, was
wacht,
Dank sei dem Licht und der Dunkelheit,
der Nähe, der Ferne, dem Raum und der Enge.
Dem Weg zu Dir, Deiner Existenz, Deinen Augen und
Mund,
lass mich verglühen in Deinen Armen als Abgrund,
Mein Geliebter, Mein Herzensbegleiter, Dein Kuss,
Dir sei Dank,
grenzenloses Umschlingen zum ergebenen Schluss.
Dankbarkeit und Hingabe, bejahend im Licht Deiner
Augen,
zutiefst vom Leben in Liebe erfüllt, im Universum
eintauchen,
verbindlich versinken zu wollen und aus Erkenntlichkeit
weinen.

Karl von Rohr,
Bankier & Aufsichtsrat

Während eines Studienaufenthaltes in den USA ging ich an einem Sonntag in einen Gottesdienst einer protestantischen Gemeinde in einem Nest in upstate New York.

> Dass die meisten Menschen in der zweiten Lebenshälfte meinen, ihr Leben sei im Großen und Ganzen bisher ein gutes gewesen und sie würden nichts bereuen, zeigt die Macht der Dankbarkeit. Sie richtet den Scheinwerfer auf das Gute und lässt manch anderes im Dunkeln abtauchen. Das hilft beim Leben und Überleben.

Der Prediger berichtete von einem Mann, der mit seinem Schicksal haderte und deswegen Gott verfluchte. Nach Jahrzehnten eines glücklichen Lebens in Gesundheit und Wohlstand, das er, ohne viel darüber nachzudenken, als Selbstverständlichkeit genossen hatte, war er krank geworden und hatte seine Frau und seinen Job verloren. Er machte Gott dafür verantwortlich, dass er ihm ungerechtes Leiden geschickt habe, und fragte den Pastor immer wieder anklagend »why me?«. Der Pastor sagte ihm: »You didn't ask ›why me?‹ when all the many blessings came your way …«

Natürlich geht diese Geschichte weiter, und der Mann findet den Weg zurück zu Gott, indem er mit seinem Schicksal zu leben lernt und sich an den kleinen Dingen des Lebens zu freuen beginnt.

Ich habe diesen Sonntagmorgen »in the middle of nowhere« nie vergessen. Zweifelsohne ist das Innehalten in einer schnelllebigen Zeit nicht so einfach, aber ich bemühe mich immer wieder ganz gezielt, mir mit der Frage »why me?« bewusst zu machen, wie beschenkt und glücklich mein Leben ist: eine glückliche und lebendige Ehe zu führen, gesunde und starke Kinder sowie gute Freunde zu haben und in Gesundheit, Freiheit und Wohlstand leben zu dürfen.

Zugleich versuche ich, die kleinen Dinge wahrzunehmen nach dem Motto: »Never forget to smell the roses along the way.« Wie oft begegnen wir Menschen, die einen mit einer guten Unterhaltung, einem aufmunternden Wort oder auch nur einem

Lächeln beschenken. Wie besonders sind kleinste Schönheiten der Natur, wie das Rotkehlchen in unserem Garten, das sofort, wenn wir Unkraut zupfen, an unserer Seite sitzt und uns neugierig beobachtet.

All das füllt das kleine persönliche Schatzkästlein mit großem, nicht materiellem Reichtum. Die Fähigkeit zur Dankbarkeit ist ein großes Geschenk, denn es hilft einem, die schönen Dinge wahrzunehmen, sie wertzuschätzen, anderen Menschen gegenüber das auch zum Ausdruck bringen zu können, und es hilft, Erinnerungen zu haben, von denen man in schwierigeren Zeiten zehren kann.

Ein persönliches Schatzkästlein eben, das man im Herzen trägt.

Norbert Körzdörfer,
Autor & Lebenskünstler

Wenn wir an Silvester am Champagner nippen, sind wir melancholisch dankbar für alles Gute und natürlich unsere Kinder, unsere Familien, unsere Freunde, unsere Gesundheit.

Aber im lauten Stillen freuen wir uns auch schon wieder auf die nächsten verschneiten Weihnachten.

Wir freuen uns auf ein umarmendes Gefühl.

Es ist eine kindliche Vorfreude, die uns ein ganzes Jahr lang glückliche Flügel verleiht. Es ist eine ewige Sehnsucht nach dem Glück.

Früher vorfreute ich mich jedes Jahr auf das dicke rote Tisch-Tagebuch vom »Economist«, das auch JFK liebte und F. J. Strauß.

Vor uns lag ein ganzes, leeres, offenes Jahr.

Alles war möglich. Alles war neu. Alles würde besser werden. Die Vorfreude ist die Hoffnung auf ein besseres Morgen.

Wir haben jetzt unser altes Haus in der Altstadt losgelassen und haben uns ein Apartment in einem neuen Tower an der Elbe geschenkt – ein letztes Abenteuer. Seit zwei Jahren freuen wir uns vor. Wir pilgern zur Elbe und gucken wie Hänsel und Gretel an dem Leuchtturm in den Himmel. Bald, sehr bald werden wir in unsere Yacht im Himmel einziehen.

Ein Ausblick auf die Unendlichkeit mit Wolken als schwebendes Gemälde.

In einer Amazon-Zeit, in der fast alles sofort verfügbar ist, wird die kribbelnde Vorfreude leider zu einer gefährdeten Spezies.

Aber es gibt sie noch.

Es klingelt gerade. Moment. Ein junger Bote. Ein unscheinbares DHL-Express-Päckchen.

Es ist fast wie Weihnachten. Darauf habe ich still fiebernd zwei Monate lang gewartet. Je länger, desto aufgeregter.

Es ist das neue iPhone. Aufmachen oder zulassen?

Wenn die Vorfreude sich überraschend erfüllt, ist das wie eine kleine Rakete des Glücks. Man öffnet dieses kleine elektronische Wunder wie einen Tresor der Träume.

Die Vorfreude lächelt und fliegt in die Zukunft. Das Wunderbare: Die Sonne geht unter, und die Sonne geht wieder auf. Und morgen wird uns wieder eine Vorfreude umarmen.

Der Nobelpreis für Frieden dem (oder der), der (oder die) das Danken erfunden hat. Oder danken sich erbitterte Gegner etwa je?

Pia Hahn,

Tochter des legendären VW-Chefs Carl Hahn

Mein Vater, Carl Hahn, verstarb im Januar 2023. Etwa ein Jahr davor holte ich ihn vom Krankenhaus ab, wo man ihn nach einem schweren Infekt in dem Glauben entlassen hatte, es ginge dem Ende zu. Ich rief also sofort seinen guten Freund, den Prälaten Günther, an und bat ihn, zu uns nach Hause zu kommen. Als dieser am nächsten Tag erschien, war mein Vater schon wieder in blendender Form.

Der Prälat fragte ihn Folgendes: »Wenn Sie auf Ihr langes Leben zurückblicken, was denken Sie da?« Mein Vater antwortete: »Ich bin sehr stolz auf …« Der Prälat unterbrach ihn sofort, fasste seinen Arm und sagte: »Stopp. Halten Sie den Gedanken fest, aber fangen Sie noch mal an mit ›ich bin dankbar für‹. Das ist der gleiche Inhalt, aber aus einer anderen Perspektive. Die Dankbarkeit wird Sie jedoch näher an Gott führen.«

Etwas klickte sofort in seinem Kopf, und er wurde sehr nachdenklich. Mein Vater war immer ein sehr gläubiger Mensch. Ich habe gespürt, wie ihn dieser Satz des Prälaten verändert hat. Sein letztes Jahr war gefüllt mit Demut und Dankbarkeit.

Norbert Suttorp,
Infektions- & Lungenexperte

Meine Eltern hatten einen Fünf-Hektar-Minihof im Westfälischen. Mein Vater war Waldarbeiter, und meine Mutter und er bewirtschafteten den Hof im Nebenerwerb. Meine Erinnerung sagt: Meine Eltern hatten immer fünf Kühe, zehn Schweine und drei Söhne (man achte auf die Reihenfolge). Meine Eltern sprachen nur Platt (Plattdüütsch).

1960 kam ich in die zwei Kilometer entfernte Bauernschaftsschule, die zwei Klassenräume hatte – für die Klassen 1–4 und 5–8. Dort lernte ich dann blitzschnell Hochdeutsch als erste Fremdsprache (Platt ist kein Dialekt!).

Jedes individuelle Leben hängt bisweilen an seidenen Fäden. Zwei der für mich wichtigsten seidenen Fäden kamen 1963 stark unter Belastung, aber sie hielten, und dafür will ich hier, muss ich hier »*Danke*« sagen.

Was passierte, und was stand auf dem Spiel?

Die Lehrerin der Klasse 1–4 der Bauernschafts-schule kam zu unserem Hof geradelt und ging schnurstracks aufs Feld zu meinen Eltern (das hätte sie nicht tun müssen – der erste seidene Faden). Ich war nicht dabei, meine Eltern haben mir aber vom Gespräch später berichtet.

Die Lehrerin, deren Namen ich unverständlicher-weise nicht mehr weiß, sagte: »Der Norbert ist jetzt in der 4. Klasse, und zu Ostern 1964 muss er aufs Gymnasium.« Meine Eltern lehnten ab. Aufs Gym-nasium gingen schließlich die Kinder der Groß-bauern, die mindestens Schulze heißen, aber doch nicht ein Kind eines Kleinbauern. Es ging auch ums Geld. Meine Eltern erwarteten, dass ich nach der 8. Klasse in eine Fabrik oder zu einem Handwer-ker ging und dann 300 Mark im Monat nach Hause brachte. Denn solange man die eigenen Füße unter der Eltern Tisch stellt, muss man sein Geld abge-ben. Das mit dem eigenen Geld war ja noch vier Jahre hin, und meine Mutter legte nach: Die teuren Schulbücher können wir uns nicht leisten. Die Leh-rerin verwies auf das Büchergeld. Alle Bedürftigen bekamen Büchergutscheine, gingen in die Buch-handlung und das Buch gehörte dem Schüler oder

der Schülerin (der zweite seidene Faden war der Buchgutschein – das gab es damals bereits und viel großzügiger als heute).

Am Ende ging ich ab Ostern 1964 aufs Gymnasium. Was ich nicht ahnte, hat heute einen Namen: Erstgeneration Abitur, Erstgeneration Universität, Erstgeneration Doktortitel, Erstgeneration Ausland (zwei Jahre Stanford), Erstgeneration Professorentitel, Erstgeneration Direktor. Wenn man nicht aus einem akademischen Haushalt kommt, dann sind diese neuen Welten fremde Planeten. Ich hätte etwas benötigt, wofür es damals noch nicht mal einen Namen gab: Mentoring oder Coaching.

Die Wege der Lehrerin kreuzten sich ein paar Mal auf dem Nachhauseweg (ich auf dem Fahrrad, sie im VW Käfer). Wir haben uns dann immer zugewinkt. Später erfuhr ich, dass sie früh Witwe wurde, nachdem ihr Mann im Schwimmbad offenbar an einem plötzlichen Infarkt starb.

Was habe ich dieser Lehrerin zu verdanken!!

Sie machte sich Gedanken über die einzelnen Schüler und wurde aktiv und setzte ihre Vorstellungen auch gegen widerspenstige Eltern durch.

Ja: Da kann man nur sagen: danke, danke, danke.

Ohne diese Lehrerin wäre vermutlich mein Leben anders verlaufen. In den Semesterferien habe ich im Heimatort in einer Stuhlfabrik im Akkord Bankwangen furniert oder in den Maggi-Werken in der Früh- oder Spätschicht Suppenwürfel verpackt. Statt Semesterferien-Job wäre das vermutlich mein Hauptberuf geworden.

Simone Kerndl,

Unternehmerin & leidenschaftliche Reiterin

Wir sehen uns jeden Tag, und ich von eurem warmen Atem und euren warmen Nüstern begrüßt. Ich bin seit meiner frühesten Kindheit ein Stallkind. Es zog mich immer hin zu dieser wundervollen Welt. Der Geruch von Stroh und Heu, gemischt mit den vertrauten Geräuschen der Tiere, ist wie Balsam für die Seele. Es ist ein geheimer Ort, mitten im Hier und Jetzt und doch so fern von allem. Ein Mikrokosmos, der verzaubert und beschützt. Ein Ort der Freiheit und Sorglosigkeit. Geräusche und Gerüche, die wir für immer mit dieser Glückseligkeit und Unbeschwertheit verbinden. Diesen Zauber durfte ich als Kind erleben, er hat mich niemals losgelassen, und ich habe diesen Schatz an meine Kinder weitergereicht.

Pferde im Allgemeinen und speziell meine Pferde geben uns, wenn sie Vertrauen in ihre Menschen gefunden haben, Kraft und Wärme. Sie sind eine tägliche Konstante in einer sich stets verändernden Welt. Wir verbringen Zeit zusammen mit unseren Tieren, wir trainieren, wir verlassen uns blind aufeinander und wir kennen unsere Stärken und Schwächen. Wir passen aufeinander auf und entwickeln uns zusammen weiter. Obwohl wir nicht miteinander sprechen, sind wir verbunden und tauschen uns aus.

Als Sportreiterin begegnet man im Laufe der Zeit den unterschiedlichsten Pferden, und alle haben natürlich ihre persönlichen Präferenzen. Für den Geschmack des einen sollte es ruhiger sein, während ein anderer das heiße und blütige Tier bevorzugt. Es kommen Pferde, die herausfordernd sind, es kommen Pferde, die uns überfordern und verzweifeln lassen, wir hinterfragen alles und zweifeln, suchen Hilfe und Rat bei Profis und geben nicht auf, trotz aller Schwierigkeiten. Das ist ein steiniger Weg, den alle kennen, die in diesem Sport aktiv sind. Die kalten Tage im Winter, die Misserfolge, trotz harten Trainings, die Niederlagen auf dem Turnier, die abschätzigen und herablassenden Bemerkungen der anderen Reiterinnen und Reiter, obwohl man alles gegeben hat. Die Verletzungen, die

Tierarztrechnungen und die Zeit des Hoffens und Bangens würden die meisten Menschen davon abhalten, diese Passion zu leben.

Jahre vergehen, und es gibt Phasen voller Hoffnung, gefolgt von Rückschlägen und neuer Hoffnung und erneuter Ernüchterung. Phasen voller Selbstzweifel und natürlich auch dem Gedanken, allem zu entgehen, indem man sich mit einem Hobby wie Tennis, Yoga oder Golf das Leben vereinfacht.

Wider aller Vernunft kann man aber trotz aller Niederlagen und Schwierigkeiten nicht davon ablassen, denn das Glück und die Freude über die schönen Momente, die Zeit mit diesen wundervollen Wesen und die bedingungslose Hingabe überwiegen.

Wir lieben es, Politikern und Politikerinnen eins draufzugeben. Und was ist das Ergebnis? Danken wir ihnen doch auch mal für ihren krassen Einsatz. Würdigen wir ihre Opfer. Sie wollen doch letztlich Gutes für uns alle – jede und jeder nach seinen Überzeugungen. Wir würden erstaunt sein über die Reaktionen und viel spannendere, fantasievollere, klügere und erfahrenere Köpfe in die Politik bekommen.

So kam vor nun fast zwei Jahren Dimondo in mein Leben, und ich könnte nicht glücklicher darüber sein. Ab der ersten Sekunde haben wir uns beide miteinander wohlgefühlt. Die ruhige und besonnene Art seines Wesens hat mich geerdet und mir Sicherheit und Teamgefühl vermittelt.

Welch ein Glück ist es, einem Pferd zu begegnen, bei dem nichts ein Problem zu sein scheint. Das Verladen in einen Transporter oder die Untersuchung beim Tierarzt. Der Hufschmied oder eine neue ungewohnte Situation. Sturm, Eis oder Regen können dir nichts anhaben.

Herabfallende Äste oder freilaufende und bockende Pferde schrecken dich nicht. Selbst ein hupender Hochzeitskorso, der genau während der Prüfung am Turnierplatz vorbeifährt, kann dich nicht aus der Ruhe bringen.

Du gehst mit durch jede Situation, du vertraust mir blind. Du folgst mir, du überwindest deine Ängste und Bedenken und bist geduldig und dabei alles andere als langweilig. Du nutzt keine Schwäche aus und bist in den schwierigsten oder gefährlichsten Situationen umsichtig und klar. Deine Reaktionen sind stets nachvollziehbar und ehrlich. Dein Gemüt und deine Zufriedenheit beruhigen meine Gedanken. Wir trainieren und geben beide zusammen unser Bestes, jeden Tag. Du gibst alles und mehr, liest meine Gedanken und bist so unglaublich fein.

In der Zeit deiner Verletzung und der Boxenruhe musstest du stehen, bis die Verletzung ausgeheilt war. Auch das war kein Problem für dich. Du trägst alles mit Fassung und Würde, in einer ausgeglichenen bemerkenswerten Ruhe. Du bist ein außergewöhnliches Pferd. Du bist mein Freund und mein »partner in crime«. Es gibt so viele Dinge, die Reiter und Pferd miteinander erleben, so viele Situationen und Herausforderungen, die sich stellen, doch mit dir fällt nichts schwer. Im Gegenteil, mit dir zusammen ist alles die reinste Freude.

Das Reiten ist wie das Tanzen mit einem Partner, auf den man sich hundertprozentig verlässt und mit dem man sich intuitiv verständigt. Ich bin dankbar, in der glücklichen Situation zu sein, dies erleben zu dürfen, genieße jeden Tag und jeden Fortschritt mit einem glücklichen Lächeln, denn ich weiß, wie besonders es ist. Man kann dieses Glück nicht konservieren und nicht halten, aber man kann es genießen und sich daran erfreuen. Dieses Glück erfüllt, und so macht es mich auch in ganz anderen Bereichen des Lebens stark und gibt mir Energie. So geht dieses Glück weit über das Sportliche oder den Freizeitbereich hinaus.

Danke mein lieber Mimo!

Wiebke Sokolowski,
Markenexpertin

Liebe Mama,
leider haben wir seit 33 Jahren nicht mehr
miteinander sprechen können. Denn kurz
nach deinem 50. Geburtstag hat der Brustkrebs
deinem Leben ein Ende gesetzt.

Die knapp zwei Jahre bis zu unserem Abschied
waren schön und traurig. Zwischen Angst und
Hoffnung. Normalität und Drama. Freude und
Trauer.

Ich war 19 Jahre alt und habe versucht, noch
so viel Zeit wie möglich mit dir zu verbringen –
und nebenher Abitur gemacht.

Dein Wahlspruch – sinnigerweise vom
griechischen Komödiendichter Menander – lautete:
»Es lebt nur der, der lebend sich am Leben freut.«
Ich fand das ein wenig apodiktisch. Man kann
sicherlich auch leben, ohne sich am Leben zu

freuen. Aber schöner ist es natürlich, wenn man es tut.

Die Freude am Leben nicht zu verlieren und es »lieb zu behalten« – das war in dieser Zeit nicht einfach. Aber du hast es geschafft. Als du schon sehr krank im Bett lagst, habe ich dir das erste Schneeglöckchen aus dem Garten gebracht. Du hast es später als »das Schönste« am Tag hervorgehoben. Und einmal haben wir Kinder »Ich denke oft an Piroschka« geschaut – und viel dabei gelacht. Ich habe mich gefragt, ob das okay für dich war. Aber als ich mit schlechtem Gewissen ins Schlafzimmer kam, hast du gesagt: »Ich habe euch aus der Ferne lachen gehört. Das war schön!«

Es ist dir gelungen, dass ich immer gewusst habe, dass du mir jedes Lachen, jede Freude und jeden Sonnenstrahl von Herzen gönnst, den das Leben zu bieten hat. Dafür bin ich dir sehr dankbar.

Valerie Bures-Bönström,
Gründerin & Abenteurerin

Danke sagen zu können, ist erst einmal ein Privileg, für das ich schon per se dankbar bin, denn ich lebe und bin gesund.

Außerdem geht ein großer Dank an Deutschland, die Demokratie und den Frieden, welche es mir ermöglicht haben, meine Wissbegierde in einem Studium zu stillen, das ich mir aufgrund meines familiären Hintergrunds hätte in anderen Ländern nicht leisten oder durchführen können. Mein Informatikstudium hat mir die Türen geöffnet, zu reisen, Unternehmen aufzubauen und als Frau finanziell unabhängig zu sein und mir um die Zukunft meiner Kinder keine Sorgen zu machen.

Ein noch größerer Dank geht an alle Menschen, die ich in meinem Leben getroffen habe, die mich unterstützt haben und dies immer noch tun. Es gab immer wieder Phasen, in denen meine Welt wackelte oder sogar zerbröselt ist. Ohne Menschen, die mir gezeigt und versichert haben, dass das zum Leben gehört und sie an mich glauben, wäre ich nicht weit gekommen.

Jedoch am stärksten prägen einen die Lebensbegleiter, denen man vertraut. Besonders meine Kinder haben mir beigebracht, dass Ehrlichkeit das größte Zeichen von gegenseitigem Vertrauen ist. Das und alle Erfahrungen, die ich mit meinen Eltern nicht erleben durfte, jetzt als etwas völlig Neues zu entdecken, macht mich täglich immer wieder glücklich.

Charlotte, Amélie und Isabelle Langenscheidt,
Schülerinnen & Töchter von Florian Langenscheidt

Es gibt sehr viele Dinge im Leben von uns drei Schwestern, für die wir uns mehr als glücklich schätzen können und für die wir täglich dankbar sind, was uns zwar schon vorher bewusst war, aber auch vor allem bei dem Nachdenken über das Thema unseres Beitrages klar geworden ist. Von guten Familienverhältnissen und tollen Eltern zu bester Schulbildung und vielen anderen Dingen – wir haben wenig Raum, uns zu beschweren. Jedoch ist uns aufgefallen, dass unser Schwesternverhältnis besonders einzigartig ist und uns das Miteinanderleben sehr viel schöner macht. Diese enge Beziehung ist eines der wichtigsten Dinge in unserem Leben. Und da das auf keinen Fall selbstverständlich ist, sind wir mehr als dankbar dafür.

Es gibt sehr viele Gründe, warum das so ist und wir einander so dankbar sind, uns zu haben.

Zum einen geben wir uns gegenseitig immer Ratschläge und helfen in Situationen, in denen eine von uns nicht mehr weiterweiß, egal worum es geht. Wir alle wissen, dass wir immer aufeinander zählen können, einen ehrlichen und guten Rat bekommen und uns gegenseitig aus der Patsche helfen.

Das Wissen, dass wir immer, egal was kommt, zueinander stehen und uns unterstützen, ist uns allen sehr wichtig. Auch wenn wir uns manchmal gegenseitig an die Decke treiben, vor allem als wir noch jünger waren, verstehen wir uns meistens auch im Alltagsleben wirklich gut, was durchaus praktisch ist. Dadurch, dass wir uns schon unser Leben lang kennen, wissen wir genau, wie die anderen ticken, wie man sie aufmuntern kann oder auch wie man sie am besten nerven kann.

Wofür wir noch dankbar sind, ist der emotionale Rückhalt, den wir uns gegenseitig bieten. Wenn eine traurig ist, tun die anderen ihr Bestes, um das zu ändern, was meistens auch klappt. Außerdem haben wir schon so viel miteinander erlebt, vom Reisen und die Welt-gemeinsam-Erkunden bis zu den ersten Beziehungen, was uns sehr zusammengeschweißt hat. So teilen wir viele tolle Erlebnisse und Erfahrungen miteinander. Darüber hinaus haben wir auch den gleichen Humor, was wir sehr wertschätzen, denn dadurch lachen wir viel miteinander und haben immer Spaß.

Wir sind sehr dankbar, uns gegenseitig zu haben und dieses besondere Verhältnis zu teilen, denn es erleichtert unser Leben sehr und macht es auch sehr viel schöner.

> Dankbarkeit richtet unsere inneren Scheinwerfer auf das Positive im Leben und lässt uns nicht so schnell über Schicksalsschläge und Schreckliches verbittern. Sie ist eine Pille gegen Trauer und Depression.

Petra Gerster,
TV-Moderatorin

Was muss passieren, damit aus zwei Mädchen, die in den Fünfzigern auf unterschiedlichen Kontinenten in unterschiedliche Milieus hineingeboren werden, auf einem dritten Kontinent nach 20 Jahren beste Freundinnen werden? Und es ein Leben lang bleiben, obwohl sie nur ein Jahr am selben Ort verbringen? Von diesen zwei Lebenslinien, die sich auf unvorhersehbare, erstaunliche Weise kreuzten, will ich erzählen.

Als ich 1965 in Worms aufs Gymnasium kam, lebte 9 000 Kilometer südwestlich von mir, in Bogotá, ein Mädchen, das von seinen Eltern sehr streng, sehr katholisch, sehr konservativ erzogen wurde. Es durfte nicht schwimmen lernen und nicht einmal Rad fahren. Aber die besten Schulen besuchen. Gehorsam durchlief das Mädchen das kolumbianische Schulsystem, war aufgeweckt und fleißig.

Auch ich besuchte die – nach Meinung der Eltern – beste Schule in Worms, das humanistische Gymnasium, lernte Latein, Griechisch und mit Mühe gerade so viel Mathematik, dass es für das Abitur reichte, um – wie meine drei Geschwister vor mir – »selbstverständlich« zu studieren. »Selbstverständlich«, weil auch meine Eltern großen Wert auf Bildung legten, auch und gerade für die drei Töchter. Es war sogar selbstverständlich, dass wir alle vier *das* studierten, was uns interessierte, und nicht, was sich mein Vater gewünscht hätte. Zu seinem Kummer wollte keines seiner Kinder in die Medizin, keines die Praxis übernehmen. Wichtig war nur, dass wir unser Studium zu Ende brachten. Die Botschaft an die Töchter lautete: »Ihr dürft nie von einem Mann abhängig sein.« Also studierte ich – fasziniert von Willy Brandts Ostpolitik – Slawistik und Germanistik in Konstanz, reiste viele Male in die Sowjetunion und ging, weil ich dort wegen des Eisernen Vorhangs nicht studieren konnte, zum Ausgleich ein Jahr in die USA, wo ich im St. Olaf College in Minnesota jene Kolumbianerin kennenlernte, von der hier die Rede ist.

Ihr Vater, ein Zahnarzt, hatte seine bis dahin streng behütete Tochter der besseren Ausbildung wegen zum Studium an dasselbe College geschickt. Doch ahnte er nicht, dass Lucía weder danach zurückkehren würde noch das täte, was von Frauen ihrer Klasse in Bogotá und anderswo erwartet wurde: zwar den Abschluss zu machen, aber dann zu heiraten und Kinder zu kriegen.

Das aber war nicht Lucías Interesse. Vom Heiraten und Kinderkriegen wollte sie überhaupt nichts wissen. Sie wollte vor allem raus aus ihrem konservativen Milieu und erfahren, wie die Welt funktioniert, wie es in anderen Ländern zugeht, warum die USA Lateinamerika als ihren Hinterhof betrachten und ihn auch so behandeln. Was es mit dem Feminismus auf sich hat. Ob es einen weiblichen Blick gibt, eine Sprache der Herrschenden und eine der Unterdrückten.

Als wir uns – gerade angekommen in dem uns noch fremden Land – auf dem College-Campus kennenlernten, war es so etwas wie Liebe auf den ersten Blick: Wir begannen ein Gespräch, das nicht mehr aufhörte – bis heute. Der Stoff dafür war unerschöpflich.

Wir sahen dieselben Filme, gewannen teilweise dieselben Freunde (hauptsächlich andere Lateinamerikanerinnen und Lateinamerikaner) und tauschten uns über unsere Studien aus, manchmal kontrovers, viel öfter übereinstimmend, und immer mit einem Gefühl der geistigen Bereicherung, ja, des Glücks. Sie, die streng katholisch erzogene Kolumbianerin aus Bogotá, und ich, die liberal erzogene Deutsche aus Worms. Wir sprachen über Amerika, die Politik, den Feminismus und die Frauenbewegung und analysierten, an welchen Punkten wir in weiblichen Rollenklischees verhaftet waren.

Beide entwickelten wir das energische Verlangen, von Männern als gleichwertig betrachtet zu werden und mit ihnen auf Augenhöhe zu kommunizieren. Vor allem aber liebten wir die Literatur. Ich kaufte ihr Thomas Manns *Death in Venice* im College-Bookstore, sie machte mich mit Gabriel García Márquez vertraut und erzählte von Simón Bolívar. Einmal bescheinigte sie mir in einer Diskussion einen »eurozentristischen Blick« – das gab mir zu denken. Ich verstand damals noch nicht ganz, was sie meinte, begann aber zu ahnen, dass es mehr Perspektiven auf die Welt gibt als unsere westeuropäische.

Dann trennten sich unsere Wege wieder. Sie blieb in den USA, wo sie als Professorin bis vor Kurzem Literatur- und Theaterwissenschaft lehrte.

Geheiratet hat sie tatsächlich nie, weshalb sie jetzt – im Alter – nach Kolumbien zurückgekehrt ist, wo ihre Großfamilie lebt. In den fünf Jahrzehnten dazwischen trafen wir uns immer wieder, in Kolumbien oder Mexiko, den USA, Kanada oder in Deutschland.

Heute sind wir – dank der modernen Kommunikationsmöglichkeiten – öfter in Kontakt denn je. Wenn wir telefonieren, bin ich immer verblüfft, wie ähnlich wir politische Entwicklungen weltweit beurteilen. Manchmal sind wir sehr pessimistisch, wenn wir abwägen, ob Putin oder Trump die größere Gefahr für die Welt darstellt. Aber: Wir haben uns und unsere Freundschaft, und die verteidigen wir weiter auch über 9000 Kilometer hinweg.

Danke, Lucía!

Christian Nürnberger,
Publizist

Zuallererst danke ich einer einfachen Bäuerin: meiner Mutter. Drei Sorten von Geschichten hat sie mir erzählt – wahre, halbwahre und unwahre. Also Märchen (unwahr), Sagen (halbwahr) und die biblischen Geschichten (wahr). Sie waren meine ersten geistigen Grundnahrungsmittel.

Dass Kindern erzählt und vorgelesen wird, ist heute längst nicht mehr in jeder Familie selbstverständlich. Die Folgen erzählt uns jede PISA-Studie.

Sodann danke ich meinem Grundschullehrer. Neben Rechnen, Schreiben, Lesen brachte er uns Bauernkindern all das bei, was uns sonst von niemandem beigebracht worden wäre: Singen, Musizieren, Ski fahren, Schwimmen. Mich hat er einmal an die Hand genommen und auf den Fünfmeterturm geführt. Ich zitterte und bebte, als ich von oben in die Tiefe schaute. Dann sprangen wir. Ich klammerte mich an seine Hand. Danach das Gefühl: Du kannst jetzt alles, du wirst mit jeder Schwierigkeit fertig, dir kann nichts mehr passieren.

Mit uns ging niemand ins Theater, ins Konzert oder in eine Ausstellung, auch mein Grundschullehrer nicht, weil: Die Eltern waren dagegen. Wäre doch »hinausgeschmissenes Geld« gewesen. Die Kinder sollen sich gefälligst auf dem Acker nützlich machen oder im Stall. Also bastelte unser Lehrer ein Kasperletheater. Wenigstens das sollten wir erleben. Er spielte alle Rollen selbst, und manchmal musste seine Frau aushelfen.

Manche Lebenscoaches empfehlen, Dankbarkeitstagebücher zu schreiben. Nach dem Motto: jeden Tag drei Dinge notieren, für die ich dankbar sein kann. Man kann auch ohne. Einfach kleine Rituale in den Alltag einbauen, in denen man sich das klarmacht. Unspektakuläre Momente im Auto, auf dem Fahrrad, in der U-Bahn oder Badewanne. Und immer wieder überraschend jemandem danken. Dass es ihn gibt. Dafür, wie er in einer bestimmten Situation reagiert hat. Wie er geholfen hat, ohne es überhaupt zu merken.

Man solle mich aufs Gymnasium schicken, ich sei ein »begabtes Kerlchen«, sagte er meinen Eltern. Die wehrten ab. Der soll ein Handwerk lernen und die Bauernhofklitsche übernehmen. Ich ein Handwerk? Mit lauter Daumen an den Fingern?

Meine Mutter mit ihren drei Sorten Geschichten hatte mich, gegen ihre Intention, fürs Bauerndasein »verdorben«. Ich wurde ein wissbegieriges, bildungshungriges Kind, fuhr als Zwölfjähriger mit dem Rad in die nächste Stadt und meldete mich dort für die Realschule an. Die Unterschrift der Eltern hatte ich gefälscht. Für diese Straftat danke ich mir.

Von der Realschule wäre ich gleich nach dem ersten Jahr fast wieder »geflogen«, weil schlecht in Mathe und Physik. Die beiden Lehrer waren Flüchtlinge aus Schlesien, ehemalige Nazis, hatten alles verloren. Statt uns was zu erklären, schrien und tobten sie immer nur, knallten unsere Köpfe gegen die Tafel.

Daher muss ich meinem Deutschlehrer danken. Er hat mich vor dem Rausschmiss bewahrt, denn in Deutsch war ich top. Mathe und Physik brachte ich mir dann selbst bei, und nach der Mittleren Reife erlernte ich den Beruf eines Physiklaboranten in einem Industrielabor. Dort kümmerten sich ein Physiker, ein Chemiker und ein Ingenieur rührend um mich, ermutigten mich zu einem Studium nach der Lehrzeit.

Willy Brandt war auch dafür. Deshalb danke ich auch ihm, denn er sagte uns Arbeiter- und Bauernkindern: Ihr könnt sozial aufsteigen, durch Bildung, aber die muss kostenlos sein, dafür werde ich sorgen. Plötzlich gab es BAföG.

Unbedingt erwähnen muss ich noch Simone de Beauvoir. Ihre Bücher nahmen mir die männliche Brille ab, setzten mir die weibliche auf und machten mir überhaupt erst bewusst, dass ich eine Brille aufhatte und – wie so viele Männer bis heute – dachte, ich hätte keine, und die Welt sei objektiv so, wie ich sie sehe.

Zu guter Letzt: Petra, die Frau, die sich mit mir auf das Abenteuer Ehe eingelassen hat. 40 Jahre geht das jetzt schon. Und noch kein Ende abzusehen. Danke!

Florian Busch,
Gründer einer Krebsberatungsstelle und
eines Palliativdienstes

»Krebs« – ein Wort mit Donnerhall. Für mich
hatte diese Diagnose die Macht, mein Leben in den
Grundfesten zu erschüttern und aus den Ankern zu
heben – traf sie mich doch aus heiterem Himmel und
klang in meinem Ohren wie ein Todesurteil. »Gott
sei Dank« wurde die Krebserkrankung bei mir in
einem sehr frühen Stadium festgestellt, sodass das
»unkontrollierte, rapide Wachstum tumoröser, bösartiger Zellen« rechtzeitig gestoppt werden konnte.
Allerdings erstreckt sich das eigentliche Leiden
weit über diesen körperlichen Kreis hinaus – in die
psychische, soziale und auch in unsere spirituelle
Welt. Meine Gedanken kreisen um Krankheit, Tod,
und die Sorge um meine Familie beschäftigte mich
am Anfang so gut wie alle wachen Momente und
sogar im Schlaf – für viele Betroffene ist das Leiden

zerstörerischer als die eigene Krankheit. Studien zeigen, dass Menschen, die sich vor allem mit ihren Ängsten beschäftigen und sich (teils in der Folge) selbst aufgegeben haben, deutlich verminderte Überlebenschancen haben.

Die psychische Konstitution ist aber zeitlich gesehen auch über die körperliche Erkrankung hinaus entscheidend: Viele Patienten können zwar körperlich geheilt werden, leiden aber ihr restliches Leben an Depressionen, Angstzuständen und einer Posttraumatischen Belastungsstörung. Für mich ist nachvollziehbar, dass eine Krebserkrankung so traumatisch für Betroffene sein kann, dass das eigene Leben fortan davon »belastet« ist und sie unter dieser Last keine Lebenslust mehr spüren. Allerdings ist auch das Gegenteil zu beobachten: Der Schock führt bei manchen zu einem »posttraumatischen Wachstum«. Dieser Begriff wurde in den 1960er-Jahren durch den Psychiater Viktor Frankl geprägt, der die Traumforschung weg von einer ausschließliche Fokussierung auf die negativen Traumafolgen hin zu den parallel dazu vorkommenden positiven Traumafolgen lenkte. Frankl »durfte« diese These aufstellen, ohne als empathielos gebrandmarkt zu werden, erlebte er doch als KZ-Häftling unfassbares

Leid, das er persönlich als Ursprung für eine neue, kraftvolle Perspektive verstand. Seine zentrale Erkenntnis: Es ist möglich, auch noch unter inhumansten Bedingungen einen Sinn im Leben zu sehen und sogar neue Lebensfreude zu schöpfen.

Für mich stellte die Krebserkrankung eine Zäsur da, die mich zwang, meinen bisherigen Lebensentwurf radikal infrage zu stellen: Macht mein Leben, so wie ich es bisher geführt habe, überhaupt Sinn in Anbetracht der Tatsache, dass jeder Tag der letzte sein könnte? Sollte ich mich weiterhin in Arbeit stürzen, um jeden Preis Karriere machen, jedes erreichte Ziel umgehend durch ein noch größeres ersetzen? Oder war dies aus jetziger Perspektive ein Irrweg, und erfordert dies nicht eine radikale Änderung: mein Leben im Hier und Jetzt zu leben, Zeit mit meinen Kindern zu verbringen, solange sie sich noch für mich interessieren, die Früchte zu ernten, anstatt nur deren Samen auszusähen? Erst durch den für mich traumatischen Schock habe ich mir die Frage nach dem Sinn in meinem Leben gestellt und auch eine für mich freudestiftende Antwort gefunden. Und damit verbunden habe ich eine Lebenslust, die für mich vorher unvorstellbar war.

Condicio sine qua non dafür war eine Neujustierung meines inneren Kompasses:

1. Die Konfrontation mit der Endlichkeit des Lebens und einer Krankheit, die mich meiner Ohnmacht bewusst machte, raubte mir die nur auf den ersten Blick beruhigende Vorstellung, mein Leben unter Kontrolle haben zu können – aber damit auch die Last, diese Kontrolle zur Gestaltung meines Lebens ausüben zu müssen –, und schenkte mir damit die Gelassenheit, Dinge so akzeptieren und annehmen zu können, wie sie nun mal sind.

2. Diese Akzeptanz raubte mir den Maßstab, zu urteilen – aber damit auch das Bedürfnis, meine Welt in Gut oder Böse, Feind oder Freund, Richtig oder Falsch. Das schenkte mir die Freiheit, meine Entscheidungen intuitiv, unvoreingenommen zu treffen und auf mein Herz zu vertrauen, statt mich den selbst auferlegten Normen des Kopfes unterwerfen zu müssen.

3. Dieses Vertrauen auf die intuitive Weisheit meines Herzens raubte mir ferner die Vorstellung, mein weiteres Leben mit meinem Kopf planen zu können – aber damit auch die sorgenvollen

Gedanken, die mit dem Planen in Anbetracht unzähliger Unwägsamkeiten verbunden sind. Dies schenkte mir ein unbesorgtes, entspannteres Leben im Hier und Jetzt und den unerschütterlichen Glauben, dass Gott/mein höheres Selbst/die Weltenseele/das Leben mich liebt und für mich sorgt.

4. Diese neu entdeckte Spiritualität raubte mir die Vorstellung, ich allein wüsste, was gut für mich ist, und ich müsste dafür hart »arbeiten und beten«. Damit entfielen auch die Selbstvorwürfe, wenn meine Arbeit keine Früchte trägt, die Selbstzweifel, wenn meine Gebete nicht erhört werden, und auch die Opferrolle, die uns oft als einziger Trost und Zufluchtsort scheint, aber der Selbstbestimmtheit im Weg steht. So bekam ich die Fähigkeit geschenkt, in allem, was mir geschieht, ein Geschenk zu sehen und in mir den Samen der Selbstliebe zu pflanzen.

5. Kommen wir zum größten Geschenk von allen: Wenn ich die Dinge akzeptiere, so wie sie sind, wenn ich der Weisheit meines Herzens anstatt der sorgenvollen Gedanken meines Kopfes vertraue, wenn ich weiß, dass ich ohne jegliche Bedingungen oder Anstrengungen geliebt und umsorgt

werde, wenn ich das Leben und alles, was mit ihm kommt, als Geschenk betrachte ... dann erfasst mich eine Dankbarkeit, die mir die Tränen der Rührung in die Augen treibt.

Klar spürte ich auch schon vorher in meinem Leben Dankbarkeit, für Menschen, die sich mir zuwendeten, wenn ich mal »Glück« im Spiel hatte, wenn ich meinen Schlüssel wieder gefunden habe ... Jetzt ist die Dankbarkeit allerdings nicht mehr ein Konstrukt meines Kopfes – meine Dankbarkeit ist nun ein Strahlen in meinem Herzen, das mein Fühlen, mein Denken, mein ganzes Leben nachhaltig verändert hat und das nie wieder erlöschen wird. Meine Dankbarkeit nährt mein Herz mit Liebe und befreit mich von jeglichen Ängsten und Sorgen. Meine Dankbarkeit ist die Wahrheit, ein göttliches Versprechen, der ewige Frieden.

Ich empfinde tiefe Dankbarkeit für jeden einzelnen Tag meines bisherigen Lebens und für jeden neuen Tag, der dazukommt, ganz gleich, was er bringen mag, es ist ein Geschenk. Ich empfinde Dankbarkeit für Freude und genauso für Leid, weil sie beide unzertrennliche siamesische Zwillinge sind, die sich gegenseitig bedingen und nähren –

ohne Salz ist das Leben nicht süß. Ich empfinde Dankbarkeit, wenn mein Leben eine vermeintlich schöne Wendung nimmt, und genauso für vermeintliche Schicksalsschläge, weil ich der Weisheit des Lebens vertraue.

Abschließen möchte ich mit einem Zitat von Oscar Wilde, das uns ermächtigt, unser Glück selbst in die Hand zu nehmen, und alles, was es dazu braucht, ist ein Perspektivwechsel: *Wir alle liegen in der Gosse, doch manche von uns schauen auf zu den Sternen!*

Alaa Altayar,
geflüchtet aus Syrien

Wer den Menschen nicht dankt, dankt Gott nicht (sagen die Araber). Dass man sich bedankt, ist eine Philosophie der Bescheidenheit.

Ich danke Gott, dass ich gesund bin.

Ich danke meinen Eltern, dass sie mich mit Liebe großgezogen haben.

Ich danke meiner Partnerin für ihre Liebe, die mich stärkt und meinem Leben eine Bedeutung gibt.

Ich danke Deutschland für die neue Chance, in Frieden zu leben.

Ich danke allen Deutschen, die an mein Können geglaubt haben und mir damit Energie zum Weitermachen gegeben haben.

Ich danke den Menschen, die an die Menschheit, unabhängig von der Herkunft, glauben. Ich danke und danke und danke …

Ich darf auch nicht vergessen, dem Onlineübersetzer zu danken, der mich seit meinem Aufenthalt in Deutschland begleitet und mir geholfen hat, meine Sprachkenntnisse zu entwickeln.

Am Ende danke ich mir selbst, dass ich trotz der Schwierigkeiten nicht aufgegeben habe.

Marco von Münchhausen,
Buchautor, Keynote-Speaker & Persönlichkeitscoach

Danken hat eine unmittelbare Wirkung auf die Seele und unsere psychische Verfassung. Zu dieser Erkenntnis, die bislang eher in Religion und Philosophie vertreten wurde, gelangte in letzter Zeit auch die psychologische Wissenschaft. In verschiedensten Versuchen und Studien erkundeten und bestätigten Psychologen die seelisch stärkende und stabilisierende Funktion der Dankbarkeit:

Danken erweitert unsere Sicht der Wirklichkeit. Wenn ich mir bewusst mache, wie viele positive Aspekte und Dinge es in meinem Leben gibt, ersetze ich gewissermaßen mein inneres Teleobjektiv, das nur auf die Defizite im Leben gerichtet ist, durch ein Weitwinkelobjektiv, mit dem ich auch all das wahrnehme, was in Ordnung ist. Auf diese Weise verhindert Danken auch, dass ich nur noch um mich selbst und meine Probleme kreise.

Nach und nach wirkt hier der Mechanismus der Selbstverstärkung: Je mehr Dinge mir bewusst werden, für die ich dankbar sein kann, desto heller wird die Brille, mit der ich ins Leben schaue, und desto mehr Sachen fallen mir auf, die positiv sind. So kommt auch der Psychologe Robert A. Emmons aufgrund seiner Forschungen zu dem Ergebnis: »Je dankbarer wir sind, desto mehr Anlass zur Dankbarkeit haben wir.«

Michael Käfer,
Gastgeber & Feinkostlegende

Ich habe der Versuchung widerstanden, die Künstliche Intelligenz (KI) zu bemühen und mir von ChatGPT (der praktischen Gebrauchsanweisung der KI) einen Essay über »Danke« mit maximal 1500 Anschlägen in geschliffener Prosa und möglichst im Stilmix von Luther, Goethe, Proust und Thomas Mann fertigen zu lassen.

So habe ich mich also vor ein weißes Blatt Papier gesetzt und begonnen, über den Begriff oder besser das Wort »Danke« erstmals zu reflektieren.

Ich beginne mit der Feststellung, keine Wörter haben in der deutschsprachigen Welt eine gewaltigere Inflation erlebt als danke und Gott. Unsere Kinder würden sagen, sie sind »krass viral« gegangen. Beide Wörter werden in unserer Alltagssprache inhaltsleer und sinnentfremdet ständig benutzt. Der Höhepunkt ist die belanglose Redewendung: Gott sei Dank!

Danken wir da wirklich einem Gott für ein Erbarmen oder eine Hilfestellung oder gar eine Erleuchtung und Erlösung? Oder für die Überwindung des allem Leben immanenten Leidens? Ich glaube nicht.

Wie finden wir aber zu dem wirklichen Danken zurück, das ein Mensch einem anderen Menschen entgegenbringen kann. Indem wir uns wieder auf unsere Urinstinkte besinnen und Gefühle durch Seelenverwandtschaft und ohne Sprache kommunizieren. Wie viele Tiere das können, obwohl sie im Weltbild von Rom keine Seele haben.

Durch verstehendes gegenseitiges Anschauen, durch einen kurzen körperlichen Kontakt, durch Schweigen, während wir eine Hand auf die Schulter des anderen legen. Freilich müssen wir es erst wieder lernen, das unbeschreiblich anrührende Glücksgefühl eines allerkürzesten Genießens eines Blickes oder eines Berührens zu erkennen.

Zum Schluss, lieber Florian, umarme ich Florian Langenscheidt für viele Jahre einer anregenden allermenschlichsten Freundschaft, die hoffentlich noch viele Zeitläufte überdauern wird.

Tanja Bülter,
Moderatorin & Life-Coach

Wie sagt man der eigenen Mutter, dass man Krebs hat? Dieses Gespräch werde ich nie vergessen. Oktober 2020 – ich hatte bereits seit etwa drei Wochen die Diagnose Brustkrebs. Meine Chemotherapie stand unmittelbar bevor, und doch habe ich mich vor diesem Augenblick gescheut. Denn ich wusste, dass danach nichts mehr so unbeschwert zwischen uns sein würde wie vorher.

Meine Mama und ich haben ein sehr enges Verhältnis, sicher auch deshalb, weil ich Einzelkind bin. Ich ging mit so vielen Informationen in dieses Gespräch wie nur möglich: Es ist ein bösartiger Tumor, aber die Heilungschancen sind groß. Ich war gefasst. Und obwohl ich die Angst und das Entsetzen meiner Mutter spürte, drückte sie mich ganz fest und war direkt voller Zuversicht: »Natürlich schaffst du das. Ich helfe dir mit und bei allem, was nötig ist. Den Kindern, dem Haushalt, wo auch immer du mich brauchst!«

Und ich brauchte sie als alleinerziehende berufstätige Mutter von zwei Kindern, mitten in der Corona-Pandemie, sechs Monate wöchentliche Chemo, danach OP und Strahlentherapie.

So ist meine Mutter eben, Elke Bülter, 76 Jahre alt, ausgestattet mit unglaublicher Empathie und einem riesigen Herzen. Jeder möchte am liebsten mit ihr befreundet sein.

In den kommenden Monaten tat sie einfach alles, um mein Leben zu stabilisieren. Meine damals siebenjährige Tochter zog nach kurzer Zeit für vier Tage pro Woche zu ihr (und meinem Vater, den möchte ich hier nicht vergessen!). Sie fuchste sich ins Homeschooling rein: lernte, wie Schulunterricht per Teams funktioniert, Hausaufgaben digital zu erledigen sind und Materialien aus dem Netz zu beschaffen. Irre!

Während ich teils körperlich abbaute, schien sie über sich hinauszuwachsen. Sie kochte, versprühte *immer* gute Laune, hatte aber auch ein sensorisches Gefühl für meine Stimmungsschwankungen, die Ängste der Kinder. Ich frage mich noch heute, wie sie das mit so einer Grandezza bewältigen konnte und mich *nie* auch nur einmal ihre Sorge um mich spüren ließ. Meine Mutter war mein Netz mit doppeltem Boden in der wohl schlimmsten Zeit meines Lebens.

Danke Mami, das kannst nur du. Weil du ein sehr besonderer Mensch bist!

Jochen Schweizer,
Unternehmer, Coach, Autor & Extremsportler

Im Wirbel meines ereignisreichen Lebens – geprägt von Extremsport, Unternehmertum und unzähligen Abenteuern – habe ich eine essenzielle Wahrheit entdeckt: Dankbarkeit ist ein Schlüssel zu persönlichem Erfolg und persönlicher Lebensqualität.

Dankbarkeit ist für mich weit mehr als eine höfliche Geste. Sie ist eine tief verwurzelte Haltung, die mich jeden Tag begleitet und leitet. Sie erinnert mich daran, dass Erfolge, Begegnungen und selbst die Herausforderungen, denen ich begegnet bin, wertvolle Geschenke des Lebens sind.

Diese Haltung hat mich gelehrt, in jedem Moment des Lebens, in jeder Welle des Erfolgs und auf jeder Klippe der Krise etwas Positives zu sehen. Dankbar zu sein bedeutet, das Leben in all seinen Facetten zu würdigen – die Höhen, die Tiefen und vor allem die Lektionen, die sie mit sich bringen.

Ich habe gelernt, dass Dankbarkeit Hand in Hand mit Demut geht. Sie öffnet die Augen für die Wunder des Alltags und lässt uns unsere Träume mit klarerem Blick verfolgen.

Dankbarkeit verankert uns in der Gegenwart und schärft unseren Blick für das, was wirklich zählt.

Heute, in einem neuen Kapitel meines Lebens, in dem ich als Mentor und Ratgeber wirke, sehe ich meine Rolle darin, die aus echten authentischen Erfahrungen und Erlebnissen gezogenen Lehren weiterzugeben. Es ist mein Weg, »Danke« zu sagen – für die unzähligen Erfahrungen, für die unermesslichen Lektionen und für das Geschenk eines so reichhaltigen Lebens.

Es ist ein Kreislauf des Gebens und Nehmens, und ich bin unendlich dankbar für die Möglichkeit, nun meinerseits weiterzugeben, was mir das Leben in Fülle geschenkt hat.

Wenn uns unerwartet Hilfe zuteilwird oder uns Gutes widerfährt, sind wir nicht unbedingt verpflichtet, dem Helfenden direkt etwas zurückzugeben. Vielmehr sind wir karmatisch verpflichtet, diesen Akt der Hilfe weiterzutragen, indem wir anderen, die Unterstützung benötigen, in mindestens gleicher Weise weiterhelfen. Auf diese Weise entsteht ein fortwährender Kreislauf des Gebens und Empfangens. Ich nenne das den »Circle Of Helping Hands«.

Dankbarkeit ist ein Kreislauf des Gebens und Nehmens, und ich bin unendlich dankbar für die Möglichkeit, nun meinerseits als Mentor zu geben, was mir das Leben in Fülle geschenkt hat.

Detlef Prinz,
Verleger

Als ich die Anfrage von Florian Langenscheidt erhielt, habe ich mich zuallererst gefreut. Denn von ihm zu hören, ist immer ein großes Vergnügen. Dann bin ich zunächst in mich gegangen, habe überlegt, was er mit dieser neuen Idee einer Publikation beabsichtigt. Mir war schnell klar, dass umso älter man wird, man versucht ist, seinen Dank an jemanden zu richten. In einer frühen Phase (m)eines Lebens war es wichtig. In den Dank mischt sich daher immer die Erinnerung, die eher einem Gedenken an eine prägende Persönlichkeit entspricht. So jedenfalls war und ist es bei mir.

Florians Bitte löste in mir das Nachdenken über mein bisheriges Leben aus, das zugleich ein Rückblick der herzlichen Dankbarkeit und des emotionalen Gedenkens ist. Und zugleich ist beides auch ein hoffnungsvoller Trost, weil ich es oft selbst so gehalten habe. Doch zunächst zu den beiden Menschen, die wichtig und vielleicht entscheidend waren für meinen Lebensweg, weil sie Weichen gestellt oder an Weggabelungen Anstöße gegeben haben, ohne die mein Lebensweg ein anderer geworden wäre.

Der eine war Klaus Pommeränig, mit dem bis heute eine enge und kollegiale Freundschaft besteht, und der andere Erwin Kristoffersen, der leider schon seit vielen Jahren verstorben ist. Der eine war Abteilungsleiter Jugend und Bildung beim DGB in Berlin, der andere Leiter der Abteilung Internationales beim DGB-Bundesvorstand. Beide waren das, was man damals wie heute gestandene Persönlichkeiten nannte und immer noch nennt.

Klaus Pommeränig lernte ich schon während meiner Zeit als Jugendvertreter 1967 durch die gewerkschaftliche Jugendarbeit kennen und holte bei ihm schon während meiner Ausbildungszeit öfter Rat und Unterstützung ein. Ich nahm an gewerkschaftlichen Jugendlehrgängen in Wannsee und Oberursel teil und beteiligte mich an Gedenkstättenfahrten in die ehemaligen Konzentrationslager Lidice und Auschwitz. Und er war es auch, der meinen Antrag bei der Stiftung Mitbestimmung auf ein

Stipendium für mein Studium befürwortete und mir damit mein Studium und die weitere Mitarbeit als Student ermöglichte.

Es war die Zeit der außerschulischen Jugendbildung, in der junge Arbeitnehmer auf dem zweiten Bildungsweg eine Chance der Mitarbeit und der Fortbildung bekamen.

Dass ich direkt nach meinem Studium 1975 als Jugendbildungsreferent beim DGB-Landesbezirk Berlin hauptamtlich angestellt wurde, habe ich Klaus Pommeränig zu verdanken. Er hat mir in der Zeit, bis ich sein Nachfolger werden durfte, Einblick in die organisatorischen und die inhaltlichen Prozesse der Gewerkschaftsarbeit gegeben. Aber auch menschlich nahbar vermittelt, was Verantwortung und Pflichtbewusstsein in der Arbeit mit Menschen ausmachen und wie wichtig sie sind für die Wahrnehmung von Führungsaufgaben. Zugleich hat er mir ermöglicht, mich politisch frei zu entfalten, aber auch den Freiraum eröffnet, der mir Sicherheit und Zuversicht für das tägliche Handeln in einer großen Organisation gab.

Als ich nach drei Jahren als Jugendbildungsreferent den Verantwortungsbereich von Klaus als Abteilungsleiter übernommen hatte, mittlerweile ehrenamtlich auch Mitglied des Berliner SPD-Landesvorstandes und des SFB-Rundfunkrates, sprach mich auf einer bilateralen Tagung der deutschen und französischen Dach-Gewerkschaften in Paris Erwin Kristoffersen, damals Leiter Internationales beim DGB-Bundesvorstand in Düsseldorf, an. Er erzählte mir von einem Programm der Fulbright-Kommission, das Absolventen des zweiten Bildungsweges den Zugang zur Harvard-Universität eröffnen würde. Gerne würde er mich für dieses Programm vorschlagen. Ich habe ihm damals – aus Sorge vor einer längeren Abwesenheit aus meiner Heimatstadt – erklärt, dass ich leider unabkömmlich sei in Berlin und dafür nicht infrage käme.

Erwin aber blieb hartnäckig und versorgte mich regelmäßig mit Details und Erfahrungsberichten zu diesem Programm. Nach einer gemeinsamen Sitzung in Düsseldorf bat er mich noch einmal in sein Büro und überzeugte mich davon, dass dies eine wirklich einmalige Chance auf meinem weiteren Lebensweg sein könnte. Ich ging also nochmals in mich, und rückblickend kann ich heute nur feststellen: Erwin hatte vollkommen recht. Sein Instinkt hatte nicht getrogen. Ohne seine Hartnäckigkeit, nicht nur mir Gutes tun zu wollen, sondern vielmehr meinen Lebenshorizont zu weiten, wäre mein Leben anders verlaufen. Ich habe durch diesen von Erwin vermittelten Aufenthalt drei Monate in Washington an der Georgetown Universität das amerikanische Englisch erlernt und während meiner Zeit an der Harvard Universität die renommiertesten Professoren hautnah erleben dürfen. Ein temporärer Teil dieser Eliteuniversität sein zu dürfen, war prägend und hat ein intellektuelles Potenzial hervorgerufen, sodass ich jeden Tag dankbar dafür bin.

Zudem habe ich in meiner Zeit in Boston die Möglichkeit erhalten, die rückblickend betrachtet unvorstellbar war: Mit einem Begleitbrief von Willy Brandt stellte ich mich im Büro von Edward Kennedy vor und bot meine Mitarbeit an, die dankbar angenommen wurde. Als ich meinen Eltern telefonisch davon berichtete, war die Freude darüber unvorstellbar.

Und die Mitarbeit im Büro von Senator Kennedy ermöglichte es mir auch, im Wahlkampf den demokratischen Gouverneur Mike Dukakis zu unterstützen. Erfahrungen, die bis heute nachwirken.

> Dankbarkeit ist ein Meistercoach fürs Mindset. Und die schönste Inkarnation von Wertschätzung und Achtsamkeit.

Zu meinen Professoren an der Business-School in Harvard gehörte ein Professor namens Robert Reich. Von Gestalt klein, 152 Zentimeter groß. Intellektuell eine der bedeutendsten Persönlichkeiten, die ich kennenlernen durfte. Nach meiner Zeit in Boston hielt ich zu ihm immer wieder Kontakt und versorgte ihn auch mit entsprechenden Informationen über die deutsche Sozialpolitik und die damit verbundene soziale Marktwirtschaft. Ich konnte damals nicht ahnen, dass er das Wahlprogramm für Bill Clinton verfassen würde und später auch sein Arbeitsminister im ersten Kabinett wurde. Bis heute bin ich mit ihm in Kontakt. Sein Buch »Goodbye, Mr. President« sei nur am Rande erwähnt und zu empfehlen.

Dass ich bis heute überzeugter Atlantiker bin mit einer tiefen kulturell-politischen Bindung und der US-amerikanischen Freiheitsorientierung, liegt in dieser Erlebensphase begründet, die mir Erwin Kristoffersen geebnet hat. Und auch dass ich später Verleger einer deutschen Zeitung in englischer Sprache bis heute in Washington sein durfte, ist darauf zurückzuführen. Noch immer freue ich mich, wenn ich langjährige Freunde aus den USA in Berlin oder in Washington treffe. Und immer dann ist meine Erinnerung an diese prägenden Erfahrungen der 1970er- und 1980er-Jahre gegenwärtig, die mich auch später zu zahllosen Reisen in die USA geführt haben.

Bis heute ist mir in Erinnerung, als ich mich vor meiner Reise bei Erwin Kristoffersen im Büro verabschiedete und er mir zurief: »Detlef, mach was draus!« Heute möchte ich ihm antworten: »Vielen Dank, Erwin – ich habe es versucht und den Eindruck, ich habe es hinbekommen.« Vor allem deshalb bin ich beiden Personen nicht nur zu tiefem Dank verpflichtet, sondern auch zu dieser Form dankbaren Gedenkens an zwei »große Lebensweg-Gefährten und -Begleiter«. Habt Dank dafür, ihr beiden!

Ronny Müller,
Sportjournalist & Lehrer

Auch dreieinhalb Jahrzehnte später erzählt meine Mutter die Anekdote mit einem Kloß im Hals. Als ich 14 war, chauffierte sie mich zur Berufsberatung nach Havelberg im heutigen Sachsen-Anhalt. Sportreporter, das war mein Traum. Ein Job, der in der DDR nur mit Abitur und Studium zu realisieren war. Der Berufsberater legte die Stirn in Falten: Westverwandtschaft und die Eltern keine SED-Mitglieder. Da schloss sich die Tür zum Abitur bis auf einen Spalt. Meine Chance, so der Mann, sei eine Verpflichtungserklärung: Kontaktabbruch zu Tanten und Onkel im Westen sowie bei Volljährigkeit Eintritt in die Partei. Ich sah zu meiner Mutter. »Komm, wir gehen!«

Ein paar Monate später fiel die Mauer – und mit ihr alle Fesseln. Ich bin allen Menschen dankbar, die die DDR in die Knie zwangen: den Oppositionellen, die immer wieder der Staatssicherheit trotzten. Den Flüchtlingen, die im Sommer 1989 über Ungarn ausreisten und nicht wussten, ob sie ihre Familien je wiedersehen. Den Frauen und Männern, die ihren Frust mit einem Antrag auf ständige Ausreise dokumentierten. Und vor allem den mutigen Menschen, die erst in Leipzig und dann in vielen Städten montags demonstrierten. Von Woche zu Woche wurden es mehr – obwohl niemand wusste, ob es nicht doch einen Schießbefehl gibt. Letztendlich musste sich die Regierung der Masse beugen. »Wir sind das Volk« wurde zum Schlachtruf der friedlichen Revolution. Sie stürzte die Pfeiler eines Machtapparates, der auf Diktatur und Überwachung gegründet war. Der Lohn war der 9. November 1989.

Wenig später meldete ich mich im Gymnasium an. Ich machte mein Abitur, studierte und wurde Sportjournalist. Ohne den Mauerfall hätte sich dieser Traum nicht erfüllt.

Tim Raue,
TV-Koch & Restaurantchef

Mein Großvater hat mir, als ich in den 1990er-Jahren ein Junge war, vom »Glück der Tüchtigen« erzählt. Es hat mir damals nichts geholfen, weil ich den Sinn dieser Redewendung nicht verstanden habe.

Erst als ich anfing zu arbeiten und merkte, dass ich weniger Talent als die anderen Auszubildenden bei den handwerklichen Arbeiten in der Küche hatte, begann allmählich ein Prozess. Nach und nach wurde mir klar: Wenn ich länger und härter arbeitete und Freude daran empfand, würden sich die Dinge für mich fügen.

Das Glück ist beruflich seitdem an meiner Seite, und ich bin jeden Tag glücklich, wenn meine Restaurants voll sind und mittlerweile meine TV-Sendungen genug Zuschauer erreichen. Glück bedeutet für mich zudem auch, dass ich nicht versuche, etwas zu erzwingen, sondern gelernt habe, dass es von alleine geschieht.

Dankbarkeit wird möglich, wenn man in der Lage ist, die eigene Situation zu reflektieren. Ich konnte nichts dafür, an welchem Ort ich geboren wurde und was für einen Start ich ins Leben hatte. Heute weiß ich, wie wunderbar es ist, ein Leben mit Strom, fließendem Wasser und einer Heizung führen zu dürfen, weil ich die Welt gesehen habe, weil ich selbst weiß, was Armut ist. Ich habe allerdings auch gelernt, dass Materielles nicht glücklich macht und man dankbar für die eigene Gesundheit sein muss und für die Menschen, die man treffen darf.

Wenn man es schafft, das Leben mit Freundlichkeit und Höflichkeit zu leben, dann bekommt man dieses Verhalten gespiegelt und darf dankbar für die Menschen und Momente sein, die einem begegnen.

Martina Voss-Tecklenburg,
Ex-Trainerin der deutschen Frauen-Fußball-nationalmannschaft

Heute bin ich 56 Jahre jung oder alt, je nach Perspektive und kann sicherlich schon jetzt auf mehr als die Hälfte meines Lebens zurückblicken. Ich kann mit Überzeugung sagen, dass ich ein privilegiertes Leben führen darf und ich in vielen Facetten, Bereichen und Lebensabschnitten Danke sagen kann. Danke an bestimmte Menschen, die mein Leben bereichert haben, in der Familie, meine engsten Freunde und natürlich auch in meinen beruflichen und sportlichen Lebensbereichen. Ein besonderer Dank gilt allerdings meiner Tochter Dina, denn ich betrachte es als großes Geschenk, dass Dina in meinem Leben ist. Warum ist das so? Als ich 25 Jahre alt war, mitten in meiner sportlichen Karriere als Nationalspielerin, ging die Beziehung mit meinem damaligen Partner nach acht Jahren auseinander. Wir waren schon mittendrin in unserer Trennungsphase, als ich ungeplant und völlig überraschend schwanger geworden bin. Da stand ich nun vor der Frage: »Was machst du, allein in Lüdenscheid, wo ich in der Sport Klinik Hellersen gearbeitet und beim TSV Siegen Fußball gespielt habe, allein ohne Familie und Unterstützung?« Wie geht es weiter, schaffst du das – allein mit Kind, Beruf und Fußball? Ich habe mich sehr schnell entschieden, dass ich das schaffen werde, und bin zurück nach Duisburg gezogen, zu meiner Familie, habe in Duisburg gearbeitet und in Siegen weiter Fußball gespielt. Diese Entscheidung, Dina in mein Leben zu bekommen, war die beste Entscheidung und das größte Geschenk meines Lebens, denn ich weiß nicht, ob ich danach noch im weiteren Verlauf meines Lebens Mutter geworden wäre. Meine Tochter Dina und ich haben ein sehr enges, vertrauensvolles Verhältnis, ich bin sehr stolz, dass sie alles mitgetragen hat, was uns an Herausforderungen gestellt wurde. Heute ist sie selbst Mutter, und ich bin eine sehr stolze und leidenschaftliche Oma.

Beate Langenscheidt,
Tierärztin & Schwester von Florian Langenscheidt

Vieles, um sehr dankbar zu sein!

Meine fünf Kinder, die mein Leben durch ihre Vielfalt und Lebendigkeit bereichern. Ich danke ihnen für ihre unbedingte Loyalität.

Ein liebevoller Vater, der auch mit über 100 Jahren in großer Nähe für uns da ist.

Eine engagierte Großtante, die mir als junge Frau Halt gab.

Eine Herde von Islandpferden, die um mich stehen, und mir in dunklen Momenten Schutz und Nähe anbieten.

Menschen, die ich liebe und an denen ich wachsen kann.

Und ein Bruder, der immer an meiner Seite ist.

In der zweiten Hälfte des Lebens: dankbar sein für jeden weiteren halbwegs gesunden Tag! Und lieber Dankbarkeit empfinden für alles, was noch geht, als Trauer über das andere.

Michael Beckel,

ehemaliger Medienmanager & Autor

Alles will weiter. Muss weitergehen. Alles verändert sich. Alles.

An einem sommerlichen Abend im August 2003 im Süden Frankreichs habe ich meiner Frau mit Blick aufs Meer erklärt, dass jetzt die beste Zeit meines Lebens kommt. Das war für mich eine sehr realistische Erwartung. Mein Leben, jedenfalls das Leben, das ich bisher kannte, war vier Tage später, am 28. August 2003, zu Ende. Ein neues Leben war noch nicht absehbar, denn von dem Tag an war ich halbseitig gelähmt. Ein Leben ohne Plan und ohne Erfahrung für diese extreme Herausforderung begann.

Ein unspektakulärer Sportunfall mit den schwerwiegenden Folgen eines Risses in der Halsschlagader war die Ursache. Ich konnte nicht laufen, ich konnte nicht gerade sitzen, ich konnte meinen rechten Arm nicht mehr bewegen. Ich konnte noch sehr viele andere Sachen nicht. Alles musste komplett wieder erlernt werden.

Going to pieces without falling apart. (Marc Epstein)

Ich hatte das Gefühl, in einen Tornado geraten zu sein, er hat mich fast auseinandergerissen, aber eben nur fast. Vieles von mir hatte er zerstört oder mit sich genommen, aber manch anderes in unterschiedlicher Reichweite beschädigt liegen gelassen. Um wieder in ein neues Leben zu kommen, musste ich davon so *viel* wie möglich wiederfinden und so *gut* es ging wieder in Gang bringen.

Es sollte ein paar Jahre dauern, bis ich wieder in einem von mir akzeptierten Leben angekommen war. Ich habe immer noch eine rechtsseitige Lähmung, kann mich aber recht gut fortbewegen, in der einen Situation mal besser, in einer anderen Situation schlechter. Der rechte Arm ist funktionslos. Aber ich fühle mich wieder als vollwertiger Teil des Lebens. Nach außen stark behindert, aber innerlich wieder ganz.

Wenn ich nun zurückschaue, wird mir klar, dass schreckliche Erlebnisse und Erfahrungen bei genauerer Betrachtung sehr wertvolle Seiten haben, die man allerdings suchen muss, weil sie sich nicht sofort als solche zu erkennen geben. Man muss das Nach-innenschauen nur lange genug aushalten, dann entstehen langsam immer klarer werdende Antworten. Selten kommt die Erkenntnis sehr schnell, manchmal dauert es Jahre, bis man das Wertvolle erkennt und zu schätzen weiß.

There is a crack in everything. That's where the light gets in. (Leonard Cohen)

Zeit für eine Danksagung, denn es gibt sehr viele Gründe dankbar zu sein.

Das Leben hat mich immer stark unterstützt, auch in der schwersten Zeit, kann ich sagen. Dass ich dieses notwendige Grundvertrauen und diese nötige Kraft entdecken, entwickeln und ausbauen konnte, habe ich sehr besonderen Menschen zu verdanken. An allererster Stelle meiner geliebten Frau, mit der ich im wahrsten Sinne das Leben teile und die mir in vielerlei Hinsicht mit ihrem beherzten Einsatz und ihrer offenen, bedingungslosen Haltung wieder viel Freude am Leben und seinem Sinn schenkte und schenkt. Meinen Freunden, die mich vor allem sehr bestärkten, weil sie mir weiterhin als einem im Wesenskern unversehrten Freund positiv begegneten und mir dadurch sehr geholfen haben, Akzeptanz für das neue Leben aufzubauen. Den Therapeuten in sechs verschiedenen Stationen, die mich in 14 Monaten wieder neu auf- und ausgerichtet haben. Meinem Chef und meinen Kollegen, die mich wieder in ihr berufliches Umfeld integrierten und damit eine Ausgangsbasis für eine gute Lebensgestaltung ermöglichten. Dass Akzeptanz, die nicht an Bedingungen geknüpft ist, das Wichtigste ist, wenn man ganz neu anfangen muss, habe ich durch diese Erfahrungen verstanden. Das hat eine neue Dimension der inneren Dankbarkeit begründet, langsam, stetig weiter wachsend.

Ich spüre jetzt nicht nur eine tiefe Dankbarkeit all jenen gegenüber, die mir und uns beigestanden haben, sondern eine weit darüber hinausgehende Dankbarkeit dem Leben gegenüber, das zu mir insgesamt sehr anständig und fair war. Das Unglück, das ich unbestritten zu bewältigen hatte, wurde in meinen Augen zu großen Teilen kompensiert durch das Glück, das mir zuteilwurde.

Ich hatte auch Glück mit mir selbst in der wichtigsten Herausforderung meines Lebens. Und das meine ich nicht in dem profanen Sinne der eigenen Heroisierung, sondern in dem dankbaren Staunen darüber, dass ich mit großer Unterstützung auf etwas zurückgreifen konnte, was für genau diese Situation lebenswichtig war. Keiner kennt sein eigenes Verhalten in solchen Grenzsituationen. Jeder hofft, dass er dann gut ist, wenn es darauf ankommt. Und jeder hofft, dass die begleitenden Umstände und Hilfestellungen gut sind.

Ich bin auch dankbar, dass alternative Szenarien nicht eingetreten sind: Ich stelle mir immer wieder vor, dass bei mir sehr viel mehr im Körper und im Kopf hätte zerstört werden können und in der Folge alles anders gelaufen wäre. In den verschiedenen Arealen des Gehirns können Millimeter einen entscheidenden Unterschied machen. Dass ich klar denken und sprechen kann, ist pures Glück. Beides hat mir erst dieses Weiterleben ermöglicht. Ich danke auch hier meinem Schicksal, dieser guten Fügung, die es unzweifelhaft gab.

Ich war angetrieben von einer Wut über das lebensbegrenzende Ereignis und der Hoffnung, dass ich fast alles wiederfinde, was ich am meisten vermisst habe, und dass ich wieder auf einem Plateau ankomme, auf dem die Aussichten gut sind und sich das Leben lohnt. *Für eine Revolution braucht es Wut und Hoffnung,* habe ich vor längerer Zeit irgendwo gelesen. Das hat mich seltsam und tief berührt. Ich weiß jetzt warum. Revolutionen wollen die deutliche Veränderung bestehender Zustände erreichen. Es geschieht durch die Mobilisierung einer möglichst großen Menge von Energie. Das passierte metaphorisch auch in mir. Ich war sehr lange ein Mensch in der Revolte gegen mein Schicksal. Dann aber gleichzeitig auch voller Hoffnung, dass meine Umstände sich verbessern und sich alles zum Guten wendet. Ich war also vehement gegen und wütend auf das Schicksal und habe es gleichzeitig immer mehr angenommen und meinen Weg gesucht, der mich hinausführt. Dafür bin ich sehr dankbar, denn ich hatte keinen Fahrplan für diesen ambivalenten Weg. Vieles fühlte sich einfach nur wichtig und notwendig an.

Wenn du einverstanden bist mit deinem Schicksal, führt es dich. Wenn nicht, zwingt es dich. (Seneca)

In dieser hybriden Phase der Wut und Hoffnung, die es beide braucht, verbessern sich, wenn man Glück hat, die Aussichten auf das kommende Leben. Es ist befriedigend, in der richtigen Richtung weiterzukommen. Der Fortschritt beflügelt und befriedet. Mit einer neuen Perspektive wendet sich irgendwann das alte Gleichgewicht zugunsten der

Hoffnung, die Wut weicht, sie wird nicht mehr gebraucht, sie würde jetzt stören. Das kann man nicht einfach beschließen, das muss passieren. Und man muss es geschehen lassen. Dankbar.

Der Kampf gegen Gipfel vermag ein Menschenherz auszufüllen. (Albert Camus)

Die Spur des Tornados hat sich heute langsam verloren. Für mich ist es nur noch eine lange Spur, die mir in vielen Etappen den immer weiter ansteigenden Weg auf einen hohen Berg zeigte. Es gab keine Direttissima, wie ich es früher am liebsten gewollt hätte, und das war gut so. Es ging in vielen langsamen Serpentinen hinauf. Immer wieder Kurven und Anstiege. Ich konnte nie den ganzen Weg vor mir sehen. Ich bin von Kurve zu Kurve gegangen, hinter jeder Kurve habe ich etwas gefunden, das mich weiterbrachte. In der Langsamkeit steckte auch eine wichtige Botschaft für mich. Das neue Tempo bringt intensiveres Erleben. Ich bleibe mehr im Moment.

Festina lente. Eile mit Weile. (Kaiser Augustus zugeschrieben)

Ich habe für mich immer wieder festgestellt, dass diese Tour d'Horizon – an meinem äußersten Horizont entlang – mich sehr bereichert und aus mir einen anderen Menschen gemacht hat. Ich sehe mit anderen Augen auf andere. Ich kann es beispielhaft ganz einfach an der Veränderung meiner Empathie für andere erklären. Ich empfinde deutlich mehr Mitgefühl für jeden und jedes Leid, das ich bei anderen Menschen sehe. Ich gehe nie mehr an einem Bettler vorbei, ohne jedes Mal dankbar zu denken, dass es mir doch offensichtlich besser geht als ihm. Ich gebe etwas, so oft es passt. Ich gehe nie mehr an einem Rollstuhlfahrer vorbei, ohne zu denken, dass es mir doch sehr gut geht, weil ich nicht im Rollstuhl sitzen muss.

Ich lasse mich deutlich präsenter darauf ein, die Gedanken anderer zu hören und zu verstehen. Das führt zu sehr viel intensiveren Gesprächen. Fast immer, wenn andere Menschen wahrnehmen, dass ich offen mit meinem Schicksal umgehe, entstehen Gespräche, in denen mir, ganz von allein, sehr persönliche Dinge anvertraut werden. Ich bekomme sehr viel vom Schicksal anderer Menschen und ihrem Innenleben mit. Das ist schön und bereichernd.

Es gibt keinen Tag mehr ohne irgendeine kleine oder große Dankbarkeit in vielen Bereichen meines Lebens. Alles ist im Guten und Schlechten abwechslungsreicher geworden, aber natürlich auch anstrengender, das darf man dabei nicht vergessen.

Alles hat seinen Preis, sagt der Volksmund. Stimmt, aber wer kennt schon immer den Preis. Ich kenne den Preis mittlerweile sehr genau, und ich zahle ihn aus zwei Gründen gerne: erstens, weil das, was ich dafür bekomme, für mich sehr wertvoll ist. Und zweitens, weil die Alternative heißen würde, dass ich zwar nichts zu zahlen habe, aber auch nicht mehr im Spiel bin. Ich bin also oft auch einfach nur dankbar, noch dabei zu sein.

Mein altes Leben spielt jetzt keine Rolle mehr. Ich vergleiche nicht mehr. Das erleichtert vieles.

Des Lebens Ruf an uns wird niemals enden. Wohlan denn Herz. Nimm Abschied und gesunde. (Hermann Hesse)

Emanuela Zana,

in Albanien geborene Betriebswirtin, aufgewachsen in Norditalien, lebt und arbeitet heute in Hamburg

Ich wurde in einer Zeit des Wandels geboren, kurz nach dem Fall des Kommunismus in Albanien, ich erfuhr früh die Bitterkeit des Überlebenskampfes, aber auch die Süße der Freiheit. Diese Erinnerungen prägen mich bis heute und lehren mich Dankbarkeit – nicht nur für das bloße Überleben, sondern für die Stärke und den Mut, die uns solche Erfahrungen verleihen.

Das Überleben eines Bürgerkriegs gemeinsam mit meiner Familie zählt zu den prägendsten Kapiteln meines Lebens. Vor uns lag die Wahl, an Bord eines der überladenen Seelenverkäufer, die sich in den 1990er-Jahren auf den Weg nach Italien machten, unser Heimatland Albanien zu verlassen. Doch die Wendungen des Schicksals führten uns auf einen anderen Pfad, und rückblickend erscheint es wie ein Glücksfall, dass wir uns gegen die Überfahrt entschieden haben. Viele dieser Überfahrten endeten tödlich.

Die Trennung meiner Eltern in dieser bereits so angespannten Zeit war eine weitere schwere Prüfung für mich. Als Kind fragte ich mich oft, ob Krieg und Hunger nicht schon genug wären – mussten wir jetzt auch noch diese Zerrüttung erleben? Diese Erfahrung machte mir die Zerbrechlichkeit menschlicher Beziehungen bewusst.

Die Emigration nach Italien markierte einen neuen Anfang, allerdings nicht das Ende unserer Schwierigkeiten. Ich wurde mit Rassismus und Mobbing konfrontiert, Erfahrungen, die mich tief verletzten, aber zugleich meine Widerstandsfähigkeit stärkten. Ich lernte, Kraft aus Widrigkeiten zu ziehen und die Bedeutung von Mitgefühl und Empathie zu verstehen. Meine Kindheit war von Schwierigkeiten geprägt, und ich begann bereits im Alter von 13 Jahren zu arbeiten, um meine Familie zu unterstützen. Aber als Erste in meiner Familie konnte ich das Abitur machen und, Jahre später, ein Studium beginnen.

Die Reise führte mich schließlich nach Deutschland, wo ich einen Neuanfang wagte und meine eigene Familie gründete. Gleichzeitig arbeite ich in Deutschland gerade an meinem Master-Abschluss. Diese Kapitel meines Lebens sind gefüllt mit Erlebnissen, die mich lehrten, die Liebe und die kleinen Freuden des Alltags zu schätzen.

Meine tiefe Dankbarkeit wurzelt in all diesen Erfahrungen – sie ist eine Anerkennung der Schwierigkeiten, die mich geformt haben, und der Menschen, die mich auf diesem Weg begleitet haben. Sie erinnert mich daran, dass das Leben, trotz aller Hürden, wertvoll ist, und dass die Hoffnung und Liebe selbst in den dunkelsten Momenten bestehen bleiben. Ich bin dankbar für die Kraft und den Mut, die mir meine Vergangenheit verliehen haben, für die unerschütterliche Liebe meiner Familie und für jede neue Gelegenheit, die sich mir bietet, zu wachsen und zu lernen.

Heinz-Paul Bonn,
ältester Influencer Deutschlands

An einen Schutzengel namens Miranda.

In den endlosen Weiten des Universums, wo Sterne geboren werden und Galaxien tanzen, gibt es Momente, die so klein und flüchtig erscheinen und doch das Gewicht ganzer Welten tragen. Einer dieser Momente, ein winziger Augenblick in der Unendlichkeit, veränderte mein Leben für immer.

Es war an einem kalten Herbsttag 2015 in Toronto, als das Schicksal in Form eines Herzstillstands an meine Tür klopfte und mich ohne Vorwarnung in die Dunkelheit zog. In diesem Moment, als die Welt um mich herum zu schattenhaften Schemen wurde, tratest du, Miranda, wie ein Lichtstrahl in dieses Dunkel. Mit der Ruhe eines Sturms und der Entschlossenheit einer Kriegerin hast du die Wand zwischen Leben und Tod niedergerissen und mich zurück ins Licht gezogen.

Deine Hände, die den Defibrillator wie einen Zauberstab führten, waren die Hände eines Engels, eines Schutzengels, der mir in meiner dunkelsten Stunde zur Seite stand. Du hast nicht nur das Leben eines Fremden gerettet, sondern auch das unermessliche Gewicht einer Familie, die um den Verlust hätte bangen müssen, von ihren Schultern genommen.

In den Tagen, Wochen und Jahren, die seit diesem schicksalhaften Tag vergangen sind, habe ich oft über das Wunder nachgedacht, das du vollbracht hast. Deine Tat war nicht nur ein Akt medizinischer Kompetenz, sondern ein Zeugnis der Menschlichkeit, ein Beweis dafür, dass inmitten unserer hektischen, oft gleichgültigen Welt noch immer Platz für Mitgefühl, Mut und selbstlose Güte ist.

Du, Miranda, bist mehr als nur eine Stewardess oder eine Retterin in der Not; du bist das lebende Beispiel dafür, dass Schutzengel unter uns wandeln, in menschlicher Gestalt, bereit, uns in unseren schwierigsten Momenten beizustehen.

Für deine Tat kann es keine Worte geben, die ausreichen, keinen Dank, der groß genug ist. Doch in diesem Buch, in diesen Zeilen, möchte ich ein Denkmal für dich errichten, ein Zeichen setzen, das so dauerhaft ist wie das Leben selbst. Du hast mir nicht nur mein zweites Leben geschenkt, sondern auch die unerschütterliche Gewissheit, dass Güte und Liebe in dieser Welt existieren, manifestiert in deiner Person.

So danke ich dir, Miranda, meinem Schutzengel am Gepäckband, für das unermessliche Geschenk des Lebens. Dein Mut und deine Tat sind ein Leuchtturm der Hoffnung in einer oft ungewissen Welt.

Doch mein Dank gilt nicht allein dir. In der Reflexion dieses Wunders erkenne ich eine Kette der Güte, die sich um mich spannt. Dr. Shafquat Ahmed, dessen geschickte Hände und scharfer Verstand mich durch die Dunkelheit der Operation geführt haben, verdient meine tiefste Anerkennung. Peter und Kori Seifert, deren fürsorgliche Begleitung mir in der Zeit der Reha Kraft gab, Mark Miller, dessen unermüdliche Unterstützung in den ersten kritischen Stunden unvergessen bleibt, und Stephan Michels, dessen Rat und Beistand mir in jenen ersten Tagen nach dem Ereignis ein Anker waren.

> Darauf achten, was das Leben reicher macht. Das sind oft die ganz kleinen Dinge und Momente. Die zu übersehen ist wie ein Spaziergang durch den Wald mit dem Handy vor den Augen.

Nicht zuletzt gilt mein Dank Gisela, meiner lieben Ehefrau, deren unerschütterliche Liebe und Geduld mich auf dem langen Weg zurück ins Leben geleitet hat. In den Stunden der Unsicherheit war es ihre Hand, die meine hielt, ihr Lächeln, das mir Frieden gab, und ihr Glaube an mich, der mir die Kraft zum Weitergehen schenkte.

Jeder von euch hat in diesem Mosaik der Wiederbelebung seinen unverzichtbaren Stein beigetragen. Gemeinsam habt ihr nicht nur mein Leben gerettet, sondern es mit neuer Bedeutung und Tiefe gefüllt. Ihr alle seid meine Schutzengel, die in menschlicher Gestalt wandeln, und ich bin zutiefst dankbar für jeden Moment, den ich dank eurer Güte und eures Mutes erleben darf.

Dennenesch Zoudé,

Schauspielerin

Danke für mein Leben. Danke für meine Familie. Danke für meine Gesundheit. Danke für meine Freude.

Danke für das Grün, das ich gerade in den Bäumen sehe.

Es gibt so viel, wofür ich aus vollstem Herzen dankbar bin. Gerade meldet sich meine kleine Hündin Lilly – auch für sie bin ich sehr dankbar!

Ich wache jeden Morgen auf und sage Danke. Das war nicht immer so. Ich habe mich darauf trainiert, jeden Morgen sofort zu danken. Ich habe gelernt, den Automatismus von »Guten Morgen, liebe Sorgen« zu ent-*sorgen*! Dieser hat mich früher zeitweilig so vereinnahmt, dass ich, bevor ich ins Bad ging, bereits totales Kopfkino hatte, begleitet von Nervosität, Unruhe und Herzklopfen.

Ich war so genervt von dieser Fremdbestimmung

meiner Gedanken und der körperlichen Schwere, dass mich das manchmal zu nichts anderem führte, als mir noch mehr Sorgen zu machen, auch über Dinge, die mich eigentlich nichts angingen. Eine sehr (un)schöne Beschäftigung meines Gehirns mit Belanglosigkeiten.

Ich habe den Unterschied zwischen meinem wahren Sein und meinem antrainierten Sein gelernt. Wenn eine Person mit superguter Laune in einen Raum kommt, dann ist das oft ansteckend. Nichts anderes als die Energie dieser Person verändert die Energie des Raumes. Wenn ich also eine Sorgenattacke bei mir bemerke, nehme ich diese Energie und wandle sie in Dankbarkeit um. So begegne ich wirklich allem: jeder Begegnung, jeder Situation.

Mittlerweile betrachte ich das Leben wie ein Spiel. Denn es geht doch immer nur um die Entscheidungen: Wähle ich Schwere oder Leichtigkeit, stoppe ich mein Kopfkino, und wie gehe ich mit dem Alltag um, mit meinem Partner, meiner Familie, meinem Beruf, meinen Ansichten und meiner Ablehnung gegenüber Dingen? Ich trainiere immer, wirklich immer, täglich, stündlich, minütlich, Dankbarkeit zu leben. Ich weiß, wovon ich spreche – auch ich habe Schicksalsschläge wie den frühen

Verlust meines Ehemanns erfahren. Es war und ist meine eigene Entscheidung, wie ich diese Situation annehme.

Somit bin ich kein Opfer, sondern Gestalterin. Das ist mein Lebensspiel: alles als eine Erfahrung anzusehen, um zu wachsen. Es macht Riesenspaß, wenn man mal den Dreh raushat.

Allein für diese Erkenntnis bin ich mir selbst zutiefst dankbar. Denn sie macht mein Leben so viel leichter, reicher und schöner.

Inhalt

Dr. Florian Langenscheidt schrieb acht Bücher über Glück und Optimismus und gab unzählige andere heraus. Er studierte Philosophie, Literatur, Journalismus und Management – in drei Ländern. In Kombination mit Neugier, Menschenliebe und großer Lust an Gestaltung führte ihn das in bestimmt zehn Berufe. Einige Unternehmen gründete er selbst, und den Gründer*innen mehrerer anderer konnte er dabei helfen, erfolgreich zu werden.

Er hat fünf Kinder, die er über alles liebt, und konnte als Gründer von »Children for a better World« zusammen mit tollen Mitstreiter*innen tausenden anderen beim Start ins Leben helfen. Dafür erhielt er das Bundesverdienstkreuz und den Deutschen Stifterpreis.